# 走過塵土與雲月

## 第三集

復興崗 14 期第 9 屆同學會編

文　學　叢　刊

文史哲出版社印行

國家圖書館出版品預行編目資料

走過塵土與雲月. 第三集 ／ 復興崗 14 期
第 9 屆同學會編. -- 初版 -- 臺北市：文史
哲, 民 109.08
　　頁；　公分. --（文學叢刊；426）
　　ISBN 978-986-314-523-3（平裝）

1.臺灣傳記

783.318　　　　　　　　　　　　　109012945

## 文　學　叢　刊　426

# 走過塵土與雲月 第三集

著　　者：復興崗 14 期第 9 屆同學會編
出 版 者：文　史　哲　出　版　社
　　　　　http://www.lapen.com.tw
　　　　　e-mail：lapen@ms74.hinet.net
登記證字號：行政院新聞局版臺業字五三三七號
發 行 人：彭　　　　正　　　　雄
發 行 所：文　史　哲　出　版　社
印 刷 者：文　史　哲　出　版　社
臺北市羅斯福路一段七十二巷四號
郵政劃撥帳號：一六一八〇一七五
電話 886-2-23511028・傳真 886-2-23965656

### 定價新臺幣四〇〇元

二〇二〇年（民一〇九）八月初版

# 序　言

　　個人承蒙同學們的厚愛，兩年前被推選為同學會第九屆會長，接棒持續為同學們服務。正如當時的感想，就個人而言，不僅改變了往後兩年的生涯規劃，也使個人心智體能接受相當程度的挑戰。然而，既受同學們的付託，自當盡心盡力。好在本屆服務團隊成員皆為同學中服務熱誠、才能俱佳的精英。因此，在團隊齊心協力下，終於順利延續了兩年薪火。

　　我們這一群同年齡層的同學，在中華民國訓政時期的體制下成長，並且經歷過台灣民主化的轉型過渡時期，從小接受中華文化與中山先生三民主義思想的薰陶，對傳統倫理道德標準和為政治國之道，心中自有一把尺，且深信不疑；時刻不忘當時投身軍旅，為前途奮鬥與報效國家的初衷；對於黨國培育之恩，也都能飲水思源，常存感激之心。因此，目睹這兩年來，世界局勢、國家處境和社會秩序的動盪不安，同學們無不憂國憂黨，關心國家的永續發展。但是，看到前年的九合一地方首長選舉大勝，而今年的總統和立委中央選舉卻反而大敗，難免在心情和意氣上，產生極大落差，一時難以適應。加以，看到社會族群對立，政黨互鬥，代溝加深，價值錯亂，更讓人憂心忡忡。

　　好在代有盛衰，潮起潮落，風水輪流轉，當代政黨輪替已成慣例。只要各政黨能真正落實改革，秉持現代政黨所應扮演的角色：在野時，能作為國家堅實的監督力量；執政時，能實現政治理念，為民謀福祉，以求長期發展。這也是參與政黨、身為政黨一員所應持有的認知與態度。

　　人生在世，對於世間一切，小自個人修心養性，大至國家興亡盛衰，無法視而不見，聽而不聞；至於有何體悟，如何應處，則言人人殊。而值此新世紀，人類面臨自然環境的極端氣候變化與病毒疫情肆虐；人為社會的世界局勢、國家處境與社會的動盪不安；以及人們心靈層面的價值、倫理觀，乃至社會是非善惡標準的混亂、變異，同樣令人憂心、關心不已。面對這種傾向，同學們在本書中各抒己見，分享個人體悟，提供人生方向和修身方式的選擇，抱持正向的價值觀和人生態度，實令人敬佩。

　　現代的人類群體，是一個以人性、理性為基礎的自由、多元社會。國家治理，不管是在「自由民主」或「威權民主」體制下，人人都可以持有不同的政治立場和政治理念，都可以有不同的偏好和取捨，但其核心價值，應該在於人際間的相互包容與尊重；容忍不同甚至對立的立場和意見，尊重不同的價值觀和偏好選擇。因此，對於競爭政黨或非所屬群組，實不必大肆撻伐，或幸災樂禍，才能營造安和樂利的社會氛圍和建立真正的自由民主機制。

　　藉此序文，個人想表達內心的感激與敬佩之意。首先，個人代表同學會服務團隊表示我們兩年來對同學們的感謝之意：感謝全體 14 期同學對服務團隊的信任付託，大力支持與

熱心參與各項活動，成為團隊每位幹部樂於付出的動力，使各項服務聯誼工作得以展開；感謝復興崗校友總會和李總會長天鐸對14期同學會的支持，使各項活動得以順利完成；感謝中央軍校校友總會和郭副理事長年昆，每季對於病重同學的慰問，讓同學們備受關懷。

其次，最讓個人感謝的，是本屆服務團隊的所有幹部，在大家都快年近80，漸進遲暮之際，仍然能夠秉持一股為同學服務的熱誠與一番奉獻的心意，不辭辛勞、各盡所長的努力付出，實在令人感動和敬佩。三位副會長——黃錦璋、張代春和李明祥，與秘書長王榮川，他們對於會務的規劃與推動，以及幾位副秘書長——張宗鑑、龔明惠、伊玉珍、王蜀禧，她們各就資訊、活動、總務和拍照等工作的認真推動；財務長馬子堅對財務的效率管理；以及總連絡長江潤滋對於同學會的聯繫等，都能盡心盡力；這其中，最為辛勞、也應特別感謝的三位，一是資訊長宗鑑同學，她對於網路管理、資訊發布、壽星祝福名單，以及各項活動的公佈與協助等，都能圓滿完成，但也備極辛勞；另一位，是校友會代表建鷗同學，對於校友會各項活動的聯繫、急難救助申請，以及傑出校友推薦等的努力爭取等，同樣全力以赴，效率成效普獲同學們讚賞。再一位，是總連絡長潤滋同學對於同學會各項集會活動的規劃和推動，考慮周詳、主動積極，表現更令人敬佩。如果同學們對服務團隊的表現，不以青壯年的動能標準來衡量，而以年過古稀的自然心態體能來看待的話，各位成員的表現都是超水準的。

我們14期同學會在王漢國同學於民國91年創辦，並樹

立運作典範以來，在歷屆會長（王漢國、黃錦璋、傅桃華、黃光勳、黃南東、趙華淼、蔡勝隆、高祖懷）與其團隊的帶領下，為增進同學聯誼與服務，都各有其亮麗的表現與成效，廣獲同學們的讚賞。自民國 103 年第六屆同學會趙華淼會長任內，在前會長黃錦璋的建議與王榮川的主編，以及吳信義、吳恆宇等同學的協助下，首次編輯紀念同學入伍 50 週年的《走過塵土與雲月》一書，彙編了 70 多位同學的小傳。第七屆蔡勝隆會長任內，特成立編委會，由賴宏偉、廖志明等人接棒編輯了上書《續集》。接著，上屆同學會在高祖懷會長領導下，更擴大編印了紀念十四期畢業五十週年的紀念專輯《同舟共濟半世紀》大作。本屆為了薪火相傳，並且替同學會團體活動和同學們個人體驗保留記錄與回憶，持續提供平台，特別編印《走過塵土與雲月》第三集，為同學們留下「雪泥鴻爪」，相互分享往年工作回憶、人生體悟、健康養生，近兩年來的同學群組間歡聚。此外，本書在〈附錄〉會訊中，亦納入本屆同學會與各班、系舉辦的各項活動紀實，以及本次聯誼會活動各項資料，提供大家參考。

復興崗 14 期第 9 屆同學會
會長洪陸訓 2020.08.20

# 致謝詞

　　本書之能順利出刊，首先，要感謝應允提筆的同學們的不吝賜稿，隨心順意地提供半世紀以來的個人回顧與感懷、對於人生的領悟、趣聞軼事、同學歡聚時刻，以及專業論述等。當然，本期各位同學半個多世紀以來，「走過塵土與雲月」，都各有不同的個人成就與對社會的貢獻，以及彌足珍貴的各種不同體驗而值得彼此分享。當初本書規劃的邀稿啟事，僅透過網路群組公佈，無法向所有同學一一邀稿，不無遺珠之憾；同學們或基於個人生活安排，或因年事漸高需要更多時間照顧身體健康，或其他不便的因素考量等等而無法參與，大家都能體諒與尊重，隨緣就好。

　　其次，要感謝編輯群組各位成員的用心和辛苦。整個過程中，有賴兩位主編榮川的協助文稿修飾和宗鑑的分類編輯，以及玉珍的協助文字輸入與校對，代春與撰稿人的聯繫，錦璋、恆宇的細心校對；清民和立凱的封面、封底設計。最後，也要感謝國防大學政戰學院政治系莫大華主任和劉興祥

助理教授以及劉學仁助教在編輯與行政事務上大力協助，乃
至文史哲出版社彭雅雲小姐的鼎力相助等等，都是這本書能
夠順利出爐不可或缺的助力。

編輯委員會　2020.08.20

# 走過塵土與雲月　第三集

## 目　次

# 壹、同學會活動暨各班、系同學歡聚紀實

## 14期第9屆同學會活動紀要

張宗鑑（影劇系）

### 圓滿　薪傳　展望

今天是中華民國108年9月21日，在這黃道吉日裡，我們14期第8屆服務團隊畫上圓滿的句號，薪傳給第9屆新任會長洪陸訓，將領導我們在其基礎上發揮承先啟後的功能，繼續努力，為同學們服務。

洪會長為復興崗14期第9屆服務團隊的成立，特於9月23日在Line《14期公務網》上說了幾句「會長的話」：

「陸訓承蒙同學們的厚愛，被推選為同學會第9屆接棒人，繼續為同學們服務。就個人而言，不僅改變了未來兩年的生涯規劃，也使個人心智體能接受更大挑戰。好在新團隊已很快組成，依據實際服務工作需要而作非正規的編組，並賦予職稱，這是為分工與推行工作方便；還應感謝各成員寬宏大量，不計較頭銜。

新團隊各位成員皆為同學中，服務熱誠、才能俱佳的人選，這次惠允繼續為同學服務的誠意與情義相挺，讓個人十

分感激與感動，他（她）們所表現的熱誠態度和肯犧牲奉獻
的精神，更令人敬佩。

14 期同學會在王漢國同學創立並樹立典範以來，在歷屆
會長和團隊的帶領下，已奠立厚實基礎，並累積了豐富的經
驗。希望持續給予本屆同學會服務團隊指導與諮詢，更盼望
同學們一本支持初衷，鼓勵、幫助和督促我們，為同學聯誼
與服務竭盡心力，個人在此表達萬分感謝之意。」

## 參觀當代藝壇李奇茂大師畫展

復興崗校友當代水墨大師李奇茂教授，於 107 年 9 月 28
日（教師節）假台北市幼華藝廊開個展。復興崗校友總會會
長李天鐸及秘書長賀新民，親臨道賀。

14 期在洪會長的帶領下，有伊玉珍、張宗鑑、陳嘉峻、
萬榕榕、董樹雲、馬子堅、江潤滋、葛勝利、王堡麗、吳哲
嘉 11 員代表參與盛會。

本次展覽分為三大系列展出：人生百態 —— 人物系列；
日本風情 —— 藝妓及相撲系列；落葉歸根 —— 家書系列。

李奇茂大師的作品，既傳承了中國幾千年來文人雅士的
水墨畫法的精髓，又融匯了當代畫家的精神趨向，兼具文人
的高雅氣息和現代水墨畫的鄉土情趣，展現自然與人為，天
人合一的境界。

大師平生熱衷文化交流及教育推廣不遺餘力，其思維創
見與身手行動，對中國藝壇，產生深遠的影響，尤其是幾十

年來諄諄教誨，培育後進、開枝散葉、桃李滿天下，蔚成洪流，更是令人景仰。

## 復興崗慶雙十

民國 107 年 108 年 10 月 10 日，校友會為響應民間社團舉辦的雙十慶典活動，特組成大幅國旗及國旗隊參加。活動中有「萬人唱國歌」、「萬人祭國父」、「正步營操演」與「愛國旗愛國家音樂會」活動。

與會的貴賓有：馬英九、洪秀柱、吳敦義、郁慕明……等。貴賓期勉我們：「青天白日滿地紅這一面國旗，不只藏在我們心中，而且能飄揚在人群所在之處。」

我們復興崗 14 期參與盛會的有：洪陸訓會長、龔明惠母子、江潤滋、伊玉珍、王榮川、吳哲嘉賢伉儷、陳嘉峻、陳文燦、張詩貴、黃建峰、劉小卿、萬榕榕、邱麗霞、高祖懷、張宗鑑、李山栗、趙華淼、張梅萍、蔡享民、邢萬齡、黃光勳、劉尊仙、林熙猷、蕭錦宗等 26 員。

在場的復興崗校友一致認為：「14 期團隊，歷經 50 年是最堅強合作的團隊」。今後定當更進一步，發揚「愛國旗愛國家」的中心思想，讓它深入民間，中國國民黨永續領導中華民國前進。

## 風和日麗　藍空萬里
## 團結奮起　迎接勝利

　　民國 107 年 11 月 11 日。校友會代表劉建鷗捎來「復興崗校友 1111/1400 風雨無阻動員令」訊息，本會洪陸訓會長宣告發起同學報名參加，並請本期總聯絡長江潤滋擔任會場聯絡人，展開接龍報名。活動長龔巧蘭、總聯絡人江潤滋、攝影長王蜀禧拔得頭籌。接著各地同學風起雲湧，熱烈響應。

　　活動前一天，台北的天空陰雨綿綿；同學們擔心活動當天的天氣……。所幸天從人願，清早起來竟是「藍天白雲風和日麗」，帶來喜悅。參加活動人數超越 3 萬人，可見綠雲黯淡、民心思變，帶來勝利的徵兆。

　　參加的有：趙華淼、高祖懷、龔巧蘭、江潤滋、王蜀禧、董樹雲、邱麗霞、葛勝利、伊玉珍、劉建鷗、談鴻保、張代春、金夢石、蔡享民、馮又新、張詩貴、黃建峰、王榮川、龔柏維、邢萬齡、費鴻福、金世偉、李山栗、萬榕榕、張永明、張宗鑑、潘慶權、吳信義、林熙猷、區偉國、劉小卿、史雲生、金國樑、陳文燦、張梅萍伉儷、吉淵伉儷、王保民伉儷等同學。

　　與會者搖動著國旗，熱情嘶喊、狂呼，表現他們堅定的信心，也看到本校各期同學及各地群眾搖旗吶喊，希望能夠為國家拚經濟、拚發展、安居樂業、贏得勝利。

# 重溫母校情

　　民國 108 年 1 月 4 日是母校 67 週年校慶活動的日子（提前兩天舉辦），一如孩提時代等待過新年的心情。

　　連日細雨霏霏，正擔心著校慶活動日的天氣⋯⋯。

　　是日清早起來，萬萬沒想到，迎接我們的是春和景明、碧空萬里，肯定象徵著母校校運昌隆，校友及在校的學弟、學妹們身體健康均為國家棟樑之才。進校情怯，在大門口迎接我們的是：雄糾糾氣昂昂的學弟學妹們。進入大禮堂，遇見好久不見的前後期同學，大家都熱情喜悅地聊著別後情趣。

　　典禮在介紹貴賓聲中展開序幕，最值得一提的是頒發「傑出校友獎」，本屆傑出校友有：魏文鵬、黃榮河、孫光、劉正山、王彼得、江啟臣、洪金城、胡光夏、焦士太、曾昭愷、劉小卿、趙建中、張秀實、林國章、郭　慎、鐘鳴鳳、詹哲裕、胡正申、施寬平等 19 位。其中劉小卿是本期同學，與有榮焉。

　　大會結束後，大夥一塊「校園巡禮」，首先觀賞藝術系抽象派大師焦士太「90 回顧展」，焦老師強調的就是「真」，他說「真」是藝術思想的熔接點，沒有「真」就失去了「美」。接著參觀新聞系，該系在劉建鷗系主任接棒與傳承下，辦理得有聲有色，畢業生在當今新聞界執牛耳。

　　走著、看著、學習著，不覺已到晌午時分，該「開飯」囉！

　　在洪會長領導下，本期參與盛會的同學有張代春、王榮川、伊玉珍、江潤滋、龔明惠、董樹雲、張宗鑑、潘慶權、王蜀禧、張瑞華、陳文燦、蔡享民、王金城、張梅萍、吳哲嘉、吳信義、邢萬齡、萬榕榕、劉重信、陳嘉峻、黃光勳、劉建鷗、劉小卿等 24 位。（感謝聯絡人江潤滋的聯絡號召）。著實有「親愛精誠」的實體表現。

　　本期人才濟濟，素有「三冠王」美譽之稱的王漢國（集將軍、博士、教授於一身），親撰「復興崗之歌」為頌。

　　俗云：快樂的時光過得特別快，的確，又到了說「珍重再見」的時刻，大家彼此祝福：「健康快樂」，相約明年校慶再見。為今年的校慶畫上完美的句點。

## 懷念永遠的領袖經國先生

　　中華民國 108 年 1 月 13 日 14：00，復興崗校友會在台北市大安森林公園舉辦經國先生紀念音樂會。這一天，是中華民國前總統蔣經國逝世 31 週年紀念日，緬懷經國先生當年在危亂之中，領導全國軍民以堅定的意志、睿智的心力，推動十大建設，開展台灣生聚教訓，建立完整民主體制，成就人民幸福美滿的生活，使台灣從貧困中，變成亞洲四小龍之首，撫今思昔，不勝感慨。

　　我 14 期出席的同學與寶眷有：洪會長、郭年昆、黃光勳、金國樑、林熙猷、區偉國、夏繼曾、談鴻保、龔明惠、張代春、董樹雲、吳哲嘉、江潤滋、王榮川伉儷、蕭錦宗伉儷、史雲生伉儷、林威國伉儷等。

　　節目豐富精彩，表演者皆為我復興崗前後期校友、郭梓芳教官領導的女軍訓教官班畢業同學，以一流的水準引來眾多外國朋友及觀眾，鼓掌讚美。最後在齊唱「國家」、「校歌」中圓滿落幕。

## 108 年新春團拜紀盛

*十方豪俠風雲會　四載同窗革命情*
*碧海山莊溫舊夢　滿堂洋溢笑歡聲*

　　民國 108 年 2 月 12 日。「今天天氣好晴朗，處處好風光……」小時候的兒歌，經常在耳邊迴盪，記憶猶新……，今天台北的天空：風輕雲淡，晴空萬里。想來是因為我們 14 期今天要在台北碧海山莊舉辦新春團拜，老天爺也在一起同喜同樂！

　　表定 10 點開始報到，沒想到 9 點多，同學已經來了泰半；同學見面，情勝兄弟，欣喜相擁互道：「恭喜！恭喜！！」場面煞是感人。同學南來北往，一共來了 119 位同學與寶眷；有遠自高雄來的蔡勝隆會長、台東來的夏繼曾賢伉儷與巫榮光同學、花蓮來的游昭仁會長與劉重信聯絡長、台中來的王夢龍會長、宜蘭來的吳恆宇聯絡長……。今天席開 12 桌，6+6=12；六六大順，象徵著我們 14 期每一位同學，在今年裡都順順利利、健健康康、快快樂樂。

　　團拜行禮如儀，在大家高唱「校歌」聲中禮成。接著一邊圍爐用餐、一邊餘興節目；餘興節目的重頭好戲就是摸彩，

彩禮都是同學自動捐贈，非常感謝同學們熱情盛意，尤其值得一提的是蔡勝隆會長遠自高雄來，並致贈了 10,000 元作同學會公基金，前會長高祖懷帶來了一箱高粱酒助興及彩禮 3,000 元。

另外值得一提的是：張代春、馬子堅、李德嫻、龔明惠、江潤滋、張宗鑑等六位同學，餐會中因仍忙於公務，未能及時用餐，直至回家才以便當果腹。……

我們每一位服務團隊幹部，在洪會長的帶領下，努力以赴，首先要感謝各班系聯絡長的支持、努力與合作：感謝您們撥冗辛勞的對每一位同學溫馨提醒、感謝您們提供卓見、感謝您們協助辦理報到與收費、感謝您們會中帶動氣氛、感謝您們會後傳來許多活動照片……；當然更要感謝全體同學，感謝之情溢於言表，一切盡在不言中。

所幸同學們反應都非常的好，這一切一切的快樂如意，源泉都來自於各班系聯絡長所領導的班級同學。藉這份快樂如意～祝福全體同學，在新的一年裡

平安健康　萬事如意　安享期頤

## 紀念蔣公暨革命先烈大會師

「329」原是紀念黃花崗為國捐軀的愛國志士。

民國 108 年 3 月 29 日，中央軍事院校校友總會，為紀念先總統蔣公之豐功偉業，特於中正紀念堂舉辦「紀念先總統蔣公暨捍衛中華民國大會師活動」。

　　本校校友總會熱烈響應：號召同學們攜眷踴躍參加是項遊行活動，以團結動員能量，顯示維護中華民國法統、捍衛中正紀念堂及抗議假轉型正義之名破壞全民團結的不義行為。

　　本期在洪會長陸訓規劃及江總聯絡長潤滋帶領下，計有：高祖懷、伊玉珍、王蜀禧、劉小卿、李山栗、董樹雲、談鴻保、馮又新、區偉國、金國樑、金夢石、楊福安、陳嘉峻、吳哲嘉、王堡麗、郭年昆、王榮川等 18 位同學熱烈參與。大會圓滿成功閉幕。

## 牡丹花名畫家邢萬齡個展

　　上古藝術當代館於 108 年 4/13（六）14：30，在台北市建國南路一段 160 號 B1 舉辦牡丹花名畫家邢萬齡個展開幕茶會（展出時間：4/13～4/30）

　　「牡丹」素有花中之王雅稱。「牡丹畫家邢萬齡」盛名享譽海內外。我們何其有幸，與萬齡是同學，得而能在這「隨心所慾不踰矩」的年齡，一同快樂共賞其畫。

　　邢萬齡畫家簡介：山東濰舫人氏。民國 34 年出生，中學就讀復興美工；民國 57 年政戰學校 14 期藝術系畢業。師承黃磊生、杜簽吟、涂燦琳、傅狷夫等名師研習山水。曾獲得陸光美展版畫組第二名；民國 69 年獲得日本津島市長國畫獎；民國 78 年進入華視藝術中心，九年半的時間裡，為畫家辦理近 400 餘場畫展……；民國 85 年移民加拿大溫哥華，努力弘揚中西畫教學並參與多次聯展與個展；民國 90 年台灣

921 大地震，舉行義賣，收入 15 萬全數捐慈濟會。民國 100 年返台迄今，持續致力於教學與創作，更有精進。

　　何其有幸參與盛會。今天我們 14 期同學在洪會長陸訓邀約下，一起陽光快樂參加盛會，與會的人冠蓋雲集；我們同期同學及校友，凡是今天無暇到場觀賞者，將另行擇日欣賞。今天到會同學有：張宗鑑、馬子堅、馬夫人、邱麗霞、張代春、陳鳳珠、吳信義、龔巧蘭、龔柏維、劉建鷗、張瑞華、江潤滋、苗延芳、劉小卿、張海光、陳文燦、張梅萍、王榮川、吳哲嘉、董樹雲、葛勝利、朱文森、趙華淼、王蜀禧、陳彥伶、陳彥尹等 27 人。

　　名畫家邢同學現場揮毫作畫，讓我們度過快樂豐碩的週末假日。

　　大家並相約米壽之年在此「再度聚會」。

## 一場溫馨的餐會

　　民國 108 年 7 月 23 日。為了中午在新店的餐會，上午去泳館游泳，只游了 4 百公尺 SPA 後就起身趕回家。進家門後立即換穿衣服出門。從汐止搭 951 公車直達新店的民權路下車。然後迅速登上 50 號 2 樓的全家福海鮮餐廳。此時才上午 10：50，卻遇到遠從台中趕到的王夢龍同學，於是帶他一起上樓。進入我們預約的包廂後，令我驚喜的是女同學龔明惠已捷足先登坐在席位上。之後，本屆服務團隊的成員陸續進來。最後是會長洪陸訓伉儷入場。時間剛好接近約定的 11：30。

　　餐會前的座談中，洪會長致詞時，一再表示感謝服務團隊一年來的熱心與分工合作。提到網路的本期群組的重要性時，強調聯誼、溝通的重要性，希望同學以愛與包容、相互關懷、聯絡，也可擴大交流範圍，讓大家分享資訊。然後由各組工作同學報告。座談進行中，餐廳服務人員也同時上菜。今天餐會出席同學共有 18 人（洪陸訓、王榮川、江潤滋、伊玉珍、張宗鑑、陳嘉峻、萬榕榕、王蜀禧、董樹雲、龔巧蘭、陳文燦、吳恆宇、馬子堅、吳哲嘉、張代春、黃錦璋、左其正、王夢龍）分兩桌用餐。餐費由洪會長自掏腰包，另有陳文燦同學帶來陳高讓大家分享。服務團隊同學邊享美食，邊談笑風生，氣氛溫馨、熱鬧，連服務的阿桑感受到我們精神的活耀，還過來問我們年齡。當我告訴她出生年代後，她說不相信我們都已七十以上的人。

　　餐後我們一起在紅布條下拍團體照（江潤滋同學歷年來都貼心攜帶此布條出席同學活動）。由餐廳的服務生代勞拍照。之後同學才依依不捨，道別離去，結束這場溫馨的餐會。

## 108 年 14 期愛國旗愛國家慶雙十紀盛

　　「愛國旗愛國家慶雙十」活動，於 108 年 10 月 10 日（四）13：30，在國父紀念館展開，本期同學會由洪陸訓會長召集帶隊，會場聯絡由江潤滋總連絡長擔任。14 期熱情參與同學計 32 人：」

| 洪陸訓 | 高祖懷 | 江潤滋 | 區偉國 | 郭年昆 | 王蜀禧 | 張詩責 | 張代春 |
| 張瑞華 | 談鴻保 | 伊玉珍 | 金夢石 | 潘慶權 | 黃建峰 | 李水生 | 李山栗 |
| 董樹雲 | 趙華焱 | 陳嘉峻 | 龔巧蘭 | 馮又新 | 吳恆宇 賢伉儷 | 王榮川 賢伉儷 |  |
| 黃光勳 | 吳哲嘉 | 劉小卿 | 王漢國 賢伉儷 | 楊卓耕 賢伉儷 |  |  |  |

同學們身體健康，熱情洋溢，滿懷愛國情操，令人激賞！

# 百萬庶民站出來～凱道全勝選晚會

# 一起迎向「台灣安全、人民有錢」

　　民國 109 年 1 月 10 日，大家在爸爸揪媽媽、阿公揪阿嬤，樓上揪樓下、厝邊揪隔壁來響應凱道勝選晚會。現場氣氛在晚上 8 時許，韓國瑜到場時嗨到最高點，主辦單位宣布現場人數突破百萬。

　　今天一早便有支持者到場排隊準備進場卡位，中午時分現場已有數百名支持者聚集；活動開始前 2 小時，人潮就擠滿凱道，外溢至景福門圓環，中正紀念堂自由廣場前也全被人潮擠爆。

　　本期參與盛會的（包括遠從台東、高雄趕來的），有會長、伊玉珍、馬子堅、張瑞華、江潤滋、談鴻保、董樹雲、潘慶權、李山栗、邱麗霞、趙華焱、吳哲嘉、吳恆宇、高祖懷、楊卓耕、沈遠蓬、邢萬齡、黃南東、林熙猷、萬榕榕、張代春、丘湘昌、江鴻洲、區偉國、馮又新、王勇敢、劉建

鷗、王蜀禧、王堡麗、曾玉麟、史雲生、賈育民、郝晶瑜、李志立、張梅萍、葉均菁、金國樑、夏繼曾賢伉儷。

# 一場令人驚豔的新春團拜

王榮川（政三班）

民國 109 年 2 月 4 日上午 10 點，在國軍英雄館 7 樓的凱旋廳，本屆舉辦的同學新春團拜之所以令我們驚豔，是因正遭逢新型冠狀肺炎侵襲，人心惶惶時刻、社會輿論都警告少參與群眾聚會。我們同學會也有幾位同學善意的建議團拜要注意安全措施，最好延期，甚至可以取消。然而，因為大多數同學仍有意願參加，且團拜早已訂定，預約人數已超過百人，因此，服務團隊居於熱誠與信任原則，依然努力籌辦。雖然當日出席人數略減，但總出席人數仍有 84 人之多（含眷屬 11 人）。尤其出席的同學從全省各地不遠千里而來，甚至申朋生仉儷等多位遠從國外蒞臨，精神更令我們感動。

同學於民國 57 年畢業至今已超過 50 年，算算年齡大多已坐七望八。以前同學聚會，我常玩笑說：一回相見，一回老。如今相聚則不禁要感慨：一回相見，一回少。查看同學通訊錄，每年都會少掉幾位自己熟悉的人。因此能有此場合與銀髮同窗相逢、相互關懷，豈非良緣？因此在熱鬧的氛圍中，同學所相互關心的不再僅是事業、官運或子女的成就，而是身體的健康。

在服務團隊細心籌備下，除了依往例相互拜年、享受英雄館的美食，也有歌唱 KTV 的節目；有歌唱癮的同學或家屬都陸續上台獻唱。而現場也有同學離座聞歌起舞；在恰恰

恰的節奏樂音中，讓我們彷彿重回青春的的年代。尤其擁有街頭名藝人游昭仁同學，特別從花蓮攜帶其拿手樂器沙克斯風，上台演奏幾首熟悉與令人懷念的老歌曲，同學們紛紛向前拍照錄影留念，台前的舞者更優雅地翩翩起舞，讓昭仁同學也很感動，當晚他在回花蓮途中激動表示：不虛此行。

　　此次同學的驚艷聚會，一再顯示本期同學的團隊精神歷久不衰。現場參與聚會的復興崗校友會會長李天鐸在致詞時，也直白的說：「14 期的校友是我參加許多期別的校友會中最團結的一期。」

　　當曲終人散後，服務團隊除了協助恢復場地，馬上就在隔壁房間進行「第九屆同學會第四次幹部會議」。會議的主旨：「研擬討論編印『復興崗 14 期第 9 屆同學會會訊』」（預計民國 109 年 8 月出版）。參與者為現場參加團拜的服務團隊。會議由會長洪陸訓主持。會議的重點是有關會訊的編印內容。其中較有爭議是有關同學參與社團活動及政戰專題的撰寫。最後經討論後，做成初步結論：會訊內容以參考上屆大會手冊的內容為基礎，並將本屆活動和會務工作等一併編印成單冊。至於有關各社團活動與專題撰寫則可先進行邀稿，再依回收稿件成果數量，決定納入與否或編印專冊。若經費有問題會長表示願意自掏腰包補助。此外，會長強調，此項工作應出自參與者和應邀者的個人意願，不必勉強，以免增加同學們的壓力和精神負擔。

# 我們這一班 ── 政三教授班

吳恆宇（政三班）

　　我們 14 期今年春節團拜後，陸訓會長來電，要我撰稿一篇，內容不限。我想了很久，到底要寫什麼好呢？回顧自己，真的乏善可陳；論述兩岸，台灣經過一些政治人物的胡作非為，早已由盛轉衰，現在我們都到坐七望八之年，誰還在乎兩岸和戰？「統」不可懼，「獨」也青菜。所以，論述「兩岸」或「中共」，也不用了。

　　想想，弟是政三教授班的連絡人，就聊「我們這一班」吧。用兩千字，談我們政三教授班，可不是一件容易的事。假如弟漏說了什麼，或誤植了什麼，就請政三的好友們海涵吧。

## 一、老實本分的政三班

　　我們政三教授班，最早有四十多位同學。跟政一、政二兩個教授班不同，我們政三班全是和尚。班上的同學大多來自鄉下，老老實實，本本分分，任勞任怨，而且任磨任訓。

　　那個時代的學長管學弟，管的很嚴，偶而也有學長極苛。當然多數的學長都有愛心，但作威作福，刻薄寡恩的也難免。只是，我們都能逆來順受。

## 二、班上有兩個吳國棟

或許是緣分，我們班上有兩個吳國棟。我個子高，大家稱我「大吳國棟」，其實另一個吳國棟，他比我年長兩歲。

一個班有兩個吳國棟，當然很尷尬。最初，老師喊吳國棟，我們都答「有」。後來我們都不答了，因為我們不知道老師在叫誰。記得在畢業前三個月，學生班的一位上尉參謀，通知我們「必須要有一人更名」。小吳國棟堅持不改，我就立刻承諾「我改」。

我改名為吳恆宇。誰知畢業後，部隊已有長官名叫「吳國棟」，這下「小吳國棟」，就不能再堅持不改了，他更名為吳國暐。

## 三、羅勝雄勤讀俄文

我們政三班主修的外文是俄文，好像只有勝雄兄，天天很認真的在K「是吧細吧，哈拉索」，他把俄文作為他一生執着的專業。

勝雄兄大學部畢業後，又到國防語文學校俄文專精班深造，以後他考進文化大學的俄語所，榮獲博士學位。在三十多年前的國軍，懂俄文的人極少。勝雄兄有此專長，後來奉派長駐莫斯科，他親歷 1991 年的蘇聯解體。

## 四、政三班的六位將軍同學

我們政三教授班同學，在各軍種、各機關、各學校服務，不管是擔任指揮職、教育職、還是參謀職，個個表現耀眼，我們班先後榮升了六位將軍：

年昆兄：總政戰部中將副主任兼執行官。
南東兄：聯勤總部政戰部中將主任。
熙猷兄：政治作戰學校少將副校長。
夢石兄：警備總部保安處少將處長。
國樑兄：空軍總部政戰部少將副主任。
子中兄：國家安全局第四處少將處長。

## 五、難忘的一次班聚會

去（2019）年9月，我們政三班在台北市國軍英雄館，舉辦了畢業後班上的第一次聚會。當天蒞臨的同學與眷屬有27位。有的同學來自台中、南投、花蓮，大家都以雀躍的心情，有的捐錢，有的捐酒，有的摸彩品，大家共同享受我們聚會的愉快與溫馨。在餐會中，我們選出熙猷兄，請他擔任下次班聚會的召集人兼主辦人。

# 六、中部副會長江鴻洲

　　鴻洲兄家住台中市神岡區，為人豪爽，樂善好施。他是我們期的副會長，也擔任台中市退伍軍人協會的會長，他對地方各種公益活動不遺其力。記得我們 14 期在畢業 30 周年時，那時漢國兄擔任同學會會長，漢國兄積極籌備我們期的大型慶祝活動。畢業 30 年，那時我們剛過半百，多數同學已卸軍職，但仍在社會各領域打拼，也該好好慶祝我們的來時路。

　　為期兩天的慶祝活動，包括吃住、交通、會場佈置、拌手禮、大會手冊、團體服裝等等，需要不少經費作後盾。當漢國兄拜會台灣中區時，鴻洲兄二話不說，立刻捐同學會伍萬元，真的很感謝。

# 七、花蓮玉里的昭仁兄

　　昭仁兄，原名游昭參，他多才多藝，熱情好客。昭仁兄家住花蓮玉里。軍職退役後，他擔任過很多退輔會的職務，照顧了不少的榮民。最令人佩服的是，他在玉里的豪宅，數百坪的庭園花團錦簇，綠草如茵。柚子樹、火龍果、樹葡萄，他都種得很好，結實累累。夢園多數的園藝工作，都是昭仁兄親手親力完成，這真是不容易的成就。

## 八、台灣集郵王楊浩

　　楊浩兄，原名楊維俊，他是中醫博士，很不簡單。楊浩兄很早就集郵，他的郵票，有的珍貴到價值連城。他辦過很多次的郵展，出版過很多郵書，他不但在台灣集郵界很有名，在大陸、港澳的集郵界也富盛名，他常主辦或主持集郵界的很多活動。

## 九、想念失聯的同學們

　　在我們的班聚會中，同學普遍希望能把失聯的同學找回來。確實班上有很多同學已多年不見，想到我們學生時代的同甘共苦，及後來服務各軍兵種時的合作無間，現在大家都已坐七望八，希望大家把握這寶貴的時光，請好同學走出來，與老同學聚一聚，暢話家常。

## 十、同學個個都很棒

　　政三班同學很多，本篇短文很難一一細述。

　　道德兄：當過空軍高炮團上校團長，這個軍事指揮職，由我們政戰軍官來擔任，而且道德兄幹得很出色。讚。

　　夢石兄：現擔任「中華民國團結自強協會」秘書長，經營這個七百多位會員的大社團，把社員凝聚在一起，活動甚

多而且次次精采。夢石兄硬是要得。

國樑兄：現在是「中華民國退伍軍人協會」總會的副總會長，國樑兄一向熱情積極主動，但他從不邀功，也不露鋒芒。

福安兄：曾任金門與馬祖廣播電台台長，心戰總隊、新店監獄、國防部印製廠的監察官及處長。他退休後積極參與社會工作，擔任幾個機構的志工。曾榮獲退輔會，與衛生福利部的多次表揚。祝大家健康、快樂、平安。

# 結　語

我們是 1945 年，抗戰勝利前後出生的一代。我們從嬰兒到青年，生活都很艱苦。在我們擔任初級、中級軍官時，薪資少得可憐，不過都克勤克儉的挺住了。到我們中年以後，由於台灣經濟起飛，加上我們人人就業。這個階段軍公教待遇大幅的調整，加上我們個人階級職務的調昇，所得跟著增加，物質生活從而得到提昇。現在我們多數同學都已退休，含飴弄孫，運動旅遊，精神的愉悅是最重要的，這是我們人生的黃金時代。

享受我們的黃金歲月吧，同學們。祝福所有的好同學，大家永遠健康、快樂、平安、幸福。

# 108年新春團拜的回顧

張代春（政一班）

第9屆服務團隊期間，新春聯誼辦理了二次團拜活動。回顧108年的聯誼，我們團拜活動新增了歌唱及多樣化的藝文摸彩活動。

活動緣起於當年服務團隊的籌備會議，大家集思廣益，要使活動辦理多采多姿、讓同學們耳目一新，決議增辦摸彩活動助興。當時台中副會長夢龍兄首開一槍，認捐三千元，附帶要代春主辦摸彩；推辭二次已負責會場佈置、不宜多兼，結果仍勉力應命；籌備要角另有潤滋兄續任總召、明惠（巧蘭）負責活動、宗鑑忙資訊、子堅攻財務、蜀禧攝影、德嫻商請主持、榮川總其成，班隊聯絡人及團隊各組同仁協力促成。

會長陸訓兄處事謙讓。提示會後不要多募彩品彩金，彩品以書畫藝文為主，但訊息傳開，仍有好些同學先知快報拔筆相助，提供彩品、彩金增彩，盛情感人；本會辦理新春團拜詳細情形，惟仍有同學不知，亦無從口耳相傳稍加表揚，今借大會編印會訊時機，順便一提往日情事，俾讓更多同學為渠等按讚。

本次藝文活動伊始，洪會長即希望摸彩募畫、彩品乙事，不要打擾太多、不須大力徵募，致有徵募彩品遺珠之憾，諸如仍有眾書畫名家，未向渠等索贈大作，藉此並致歉意，

附新春聯誼捐贈摸彩品簡表併供卓閱。

| | | 新春聯誼會摸彩品（依彩品提供為序） | | |
|---|---|---|---|---|
| 分類 | 姓名 | 摸彩品 | 數量 | 備註 |
| 國畫書法 | 王景浩 | 國畫花鳥 | 3 | |
| | 邢萬齡 | 國畫花鳥 | 4 | |
| | 陳嘉峻 | 國畫山水 | 2 | |
| | 黃錦璋 | 書　法 | 5 | 並提供南海廳大門聯 |
| | 張清民 | 工筆畫花 | 3 | |
| | 陳鳳珠 | 國畫花鳥 | 3 | |
| 彩　金 | 同學會彩　金 | 壹萬元 | 10 | 普獎分成十包各1千元 |
| | 洪陸訓 | 伍千元 | 1 | 會長獎 |
| | 李天鐸 | 參千元 | 1 | 臨場贊助獎 |
| | 王夢龍 | 參千元 | 1 | 貳獎 |
| | 馬子堅 | 參千元 | 1 | 貳獎 |
| | 高祖懷 | 參千元 | 1 | 貳獎 |
| | 劉重信 | 貳千元 | 1 | 參獎 |
| | 王漢國 | 壹千元 | 1 | 臨場贊助獎 |
| | 江潤滋 | 貳千元 | 1 | 臨場贊助獎 |
| | 張宗鑑 | 貳千元 | 1 | 臨場贊助獎 |
| | 吳哲嘉 | 貳千元 | 1 | 臨場贊助獎 |

| 彩　品 | 傅桃華 | 台銀<br>紀念幣 | 1 | |
| | 趙華淼 | 故宮文物<br>精　品 | 3 | |
| | 區偉國 | 吸塵器 | 1 | |
| | 潘慶權 | 浴巾組 | 1 | 彩品附<br>彩金千元 |
| | 馮又新 | 國家公園<br>套　幣 | 3 | |
| | 王榮川 | 摸彩品 | 2 | |
| | 張嵩懿 | 佛　珠 | 16 | |
| 附記：高雄市校友會蔡勝隆會長捐助同學會壹萬元<br>　　前會長高祖懷贈金門高粱酒壹打 | | | | |

# 影劇系同學歡聚紀實

張宗鑑（影劇系）

　　影劇系同學，認為「青春不能留白」，相約每半年歡聚一次，現在因為新冠肺炎疫情漫延，目前為止，第九屆只辦了三次，希望在第九屆屆滿之前，能夠再聚會一次。

　　三次活動的時間地點如下：

第一次

主辦人：黎興

時　間：108 年 03 月 29 日（星期四）下午 6 時

地　點：士林夜市　台南海鮮餐廳


第二次

主辦人：王映崑

時　間：108 年 10 月 18 日（星期五）　中午 12 時

地　點：北投奇哩岸台菜館


第三次

主辦人：賈洪範

時　間：109 年 06 月 17 日（星期三）　中午 12 時

地　點：新店　大坪林　彭園餐廳

　　我們影劇系特別選在這三次舉行的聚會，首次是去年 3 月底的「春之聚」，是在一個春和景明、花開富貴的好日子裡歡聚；第二次是 10 月中的「秋之聚」，選在一個秋高氣爽、風光明媚的讚日子敘舊；最近的一次是今年 6 月中的「春之聚」，是在一個防疫過後、久別重逢的喜相逢日子。

　　參與聚會的有：王映崑、田常生、馬中行、鄭　振、周康生、劉小卿、賈洪範、黎　興、張宗鑑等；重溫九條好漢在一班的美麗回憶。

　　王東家特別遠從桃園攜來一瓶陳年老酒助興；更要感謝洪會長及馬財務長捐來 2,000 元加菜金，氣氛嗨到最高點。頭兩次餐會後，均到鄭振同學家續攤歡唱。最後，大家推舉 109 年秋之聚由田常生擔綱。

　　聚會席間歡愉談笑，大家不約而同的祈盼著：長年旅居海外的許君健、陳碧霞、潘亞琦；及久未出席的程家球、周予均能早日重逢喜團圓。

　　大家在戀戀不捨中，互道：「健康快樂　珍重再見」。

# 八中隊「臭蟲家族」50年回憶

譚遠雄（政四班）

　　民國57年復興崗14期八中隊的同學畢業離開學校時，為維繫四年革命感情特成立「臭蟲家族」。成立起名的源由，是我們學生八中隊的隊長范金鑄少校，常在集合我們訓話時，罵我們是臭蟲跳蚤人人討厭，與我們西瓜皮擦屁股沒完沒了。在這樣的薰陶下，八中隊的14期同學變成一堆臭蟲，可愛聽話的臭蟲。其實，范隊長仁心宅厚照顧特佳，我們都很感謝他，為懷念范隊長而成立臭蟲家族。

　　事實是，我們這群14期畢業八隊同學分科教育到陸海空各專科學校受訓，大家大部分在高雄台南兩地，小周末時，不時約在高雄聚會談談心聊聊天解解悶。結訓後各自分到各軍種服務，陸軍同學大部分都擔任排長，每位同學到部隊後，都能盡忠職守，奉行命令完成部隊訓練戰備任務，一年之後轉任回政戰職務連隊輔導長，發揮自己本職才能專業，穩定基層讓官兵全心效力部隊艦艇和連隊，大家工作愉快又受到長官的信任和嘉勉。

　　民國60年後同學先後成立家庭，又有了子女，彼此大嫂相識後感情融洽，每半年輪流作東，北中南來回奔波相聚甚歡，又帶領家族到不同風景區遊玩，主人臨走送每家紀念品和伴手禮，有的紀念品過了二三十年還保管珍藏著都珍惜這份深厚情誼，有的同學子女結婚喜宴時，我們臭蟲家族夫

妻們都會專程趕去祝賀和恭喜，大嫂們相見有聊不完的家常話，融洽的場景羨慕不少賓客。

我們也常常出國旅遊，海內外大陸地區都有我們足跡，回來後在部落格發表許多篇文圖並茂的旅遊記事，深受朋友同學喜愛，並留言鼓勵，對臭蟲家族情深義重革命感情給予掌聲嘉許和希望作為學習的榜樣，每當我們 14 期每兩年開一次聯誼大會，到第 9 屆時，我們會對往生同學默哀，但臭蟲家族八隊同學每位都健在，是不容易難得的事情，是我們家族福氣，五十年後才有黃志長同學離開我們，讓我們家族很感傷和懷念。

14 期臭蟲家族成立 50 年彼此在人生道路上奮鬥很堅辛，但在相互支持鼓勵下，都能成就了美好的事業與家庭，我們大多成家創造了第二代美好生活，臭蟲家族現過著含飴弄孫安詳平靜生活，這是家族 50 年來值得慶幸的記憶和懷念。

# 貳、社團活動報導

## 〈全統會〉的革新與再起

吳信義（政二班）

「中國全民民主統一會」（簡稱「全統會」），成立於民國79年（1990年）1月21日，是日上午在台北國軍英雄館召開成立大會，在七人主席團（滕傑、何志浩、劉師德、解宏賓、陳志奇、勞政武、楊懷安）分別主持下，順利完成法定程序，大會通過〈會章〉、〈宣言〉、〈我們的認識與信念〉，並通過推選滕傑先生為本會首任會長。

全統會成立之背景與宗旨，一言以蔽之，乃反制李登輝台獨路線，寧共不獨，促成兩岸統一。如〈會章〉第一章第二條所示：「本會以促進和平統一中國，及實行三民主義達到全民民主為宗旨，反對有害中華民族生存發展的意識政策及制度」，本會現任執行長勞政武博士，全程參與全統會創會過程，他一生以「反獨促統」為生命志業，見証了本會三十年來的奮鬥歷程。

全統會成立後，本會會章宗旨，在歷任會長領導下，全體會員上下一心「依循奉行」。首任會長滕傑先生（任期

1904～2004），是當年「三民主義力行社」創始者，曾任南京市長、國大黨部書記長等要職；之後，陶滌亞先生接第二及第三任會長（1912~1999），陶先生是黃埔軍校六期畢業，曾任海軍總部政治部中將主任、洪門山主等職，功在黨國；陶先生逝世後，由王化榛先生接第四任到第七任會長（1926），王先生曾任台北市警察局副局長、兩屆國民大會代表，任內年年率團赴大陸參訪，為兩岸文化交流努力不懈，在大陸兩岸座談會議上，他多次堅決反對大陸對台動武，有關部門很重視，王先生目前為本會榮譽會長。2016年春，王先生自忖已是九十高齡，乃於大會中推荐本人接任會長，為全統會第八屆會長，2019年三年屆滿連任第九屆會長迄今。

　　本人忝任本會秘書長職長達十六年，追隨王會長參訪大陸數十次，與國台辦及黃埔軍校同學會建立良好關係，惜民進黨執政以來，因不承認「九二共識」，如今兩岸政策疏離，兩岸各項交流淡化，陷入僵局停止，本人鑒於當前兩岸情勢危殆，除要擔當艱巨任務，更要堅持本會既定目標～「中國之和平統一」。

　　當前兩岸情勢凶險，始於執政者死抱台獨迷夢，拒不承認「九二共識」，大搞「去中國化」，妄圖牽引日寇餘孽及美國勢力，妄想敲碎中華民族復興的中國夢，這是背叛中華民族的惡行，是背叛五千年中國文化的罪人，實為炎黃不孝子孫。

　　「是可忍，孰不可忍，寧共毋獨」，是滕先生創始會長所定的奮鬥路線，在本人接任會長以來，始終遵循這一路線，努力促進兩岸各項交流，此為本會重要使命，也是每個年度

的重要工作。本人從 2016 年接任會長以來，多次應大陸官方邀請，率本會代表參訪大陸，分別於 2017 年 8 月前往廣西南寧崇左巴馬參訪，最近一次於 2019 年 9 月中旬，應邀參訪北京、天津、廊坊（見註）。此行的重要意義除座談交流與參訪外，在 9 月 20 日這一天，本人以會長名義，率代表於香山碧雲寺，向總理孫中山獻花致敬，並由會員廖振卿（台客）朗頌向總理孫中山獻頌詞，博得在場參訪人士讚賞，齊向總理行三鞠躬致敬，總理英靈有知，當佑我中國。

執政當局不擇手段打壓異己，2019 年下半年，內政部通令，凡政治團體必須於 2020 年 4 月前改成政黨，否則依規定解散，本人利用本會每月例行早餐會，數次共商研議，擬訂三項腹案，做為本會轉型之方向：

一、為不受會名政治性團體牽絆，仍以每月定時聚會，擬將會名作技巧性更名為「全統會早餐聯誼會」，藉以擺脫政治性團體之窠臼。

二、不解散後再以人民團體下轄社會團體形式再申請成立，沒有繁瑣的作業程序，也不必向有關機關申請備案，將志同道合會員，以「全統會」之名持續各項活動，如專題講座、聚餐、參訪旅遊等。

三、聯誼會的組成形態，以實務為主，去除執行委員、監察委員職稱，經本會同仁議決，嘉義分會亦比照辦理。

形勢比人強，本會創會精神仍將持續，我將以務實重形式，堅持努力，期待中國早日實現全民民主，必見中國統一之目標。最後，以本會會員陳福成先生於北京天津參訪記實的序詩──〈頌，中國全民民主統一會〉──之末段，作為

**本文小結：**

> 「再頌 ——
> 中國全民民主統一會
> 因為你的愛
> 愛炎黃的血緣從你的先祖傳到你
> 你的體內流著炎黃的血緣
> 因為你的愛
> 愛中華文化，愛先祖住的神州大地
> 我們的土地，我們的文化
> 我們的子民，生生世世子孫
> 快樂生活的天地
> 我們怎能不愛？
> 中國全民民主統一會，頌！」

註：陳福成編著，《廣西參訪遊記》，台北：文史哲出版社，2017 年 10
　　月；陳福成編著，《北京天津廊坊參訪記實》，台北：文史哲出版
　　社，2019 年 12 月。

附記：內政部依《政黨法》辦理 203 個政黨廢止備案，以及 42 個政治團
　　　體廢止立案，本會已於四月卅日正式收到內政部函，廢除立案。
　　　今後本會將不以中國全民民主統一會之名，對外參與活動，但將
　　　以研究聯誼會性質，固定每月邀請志同道合、理念相同的好友，
　　　持續以早餐聯誼會聚會。

# 花蓮縣復興崗校友會109年會員大會

## （游昭仁理事長致詞）

游昭仁（政三班）

　　首先，感謝大家在這麼炎熱的酷暑，特別是新冠肺炎疫情還未完全緩解時，排除萬難，前來參加我們花蓮縣復興崗校友會的年度大會，我要向在座各位，致上最高的敬意與謝意，謝謝你們對本會的關心與支持。

　　其次，我也要感謝校友會全體理監事及工作同仁，特別是總幹事黃紹明老弟，在疫情高峰期間，仍然能夠與我們會員保持密切聯繫，讓會務推動沒有絲毫停頓歇息，今天年會能順利召開更是功不可沒。

　　回顧我們中華民國政府播遷來台初期，不論是軍中或社會，人心浮動、焦燥不安，為了穩定軍心，經國先生在北投復興崗創辦了「政工幹部學校」，以三民主義為中心思想，培育我們這群軍事社會專業管理幹部，從而堅定了國軍官兵的忠貞志節與愛國情操，也連帶確保了台、澎、金、馬地區的穩定發展。如今，我們這群政戰幹部，雖然卸下戎裝，回歸社會，仍然繼續在各行各業及地方奮鬥，成為國家最忠誠的支撐力量。

　　為了凝聚向心、服務校友，傳承生生不息的政戰使命，我們花蓮地區的復興崗校友，經過一年多的呼喚、邀集，終於在108年6月30日隆重召開會員大會，正式成立「花蓮縣

復興崗校友會」，並獲花蓮縣政府核准立案。

　　轉瞬間，已經過了一年，此期間，我們同心協力，贏得了一場漂亮的九合一選舉，從縣長、鄉鎮長、村里長、以及各級民意代表，我們花蓮縣區大獲全勝，校友們無不雀躍。後來的總統大選以及立委選舉，在區域立委部分，雖然我們花蓮藍軍不幸出現分裂，但還是把綠營的超級強棒，競選連任的蕭美琴立委送去當駐美代表了。總統大選部分，根據資料顯示：我們算是守住了復興基地的東大門，只是受到大環境的影響，這次全國的選舉結果；讓我們感到失望、感到遺憾。關於這一點，我要呼籲學長、學弟、學妹們：不要灰心、不要洩氣、更不用懊惱，讓我們敞開心胸，秉持母校師生救國濟世的一貫精神，繼續扮演堅如磐石的中流砥柱，再接再厲，迎接未來的勝利。

　　至於今後，我們復興崗子弟，要有什麼樣的積極作為，等一下，我要請校友會李總會長給我們講講話，我知道他有許多構想，要讓我們復興崗的精神，繼續傳承、繼續發揚光大。

　　新的一年，我們要休養生息，把重點放在公益活動，舉辦聯誼；找回失聯校友，藝文活動；擴大社會影響，關懷弱勢；爭取群眾認同。關於這些，還要請各位校友們集思廣益，提供可行方案，交給我們工作幹部來策畫、執行。

　　在我做結語前，要再次感謝我們復興崗校友總會李天鐸總會長，不辭辛勞、千里迢迢來參加我們的年會。李總會長上任後，竭盡心力、凝聚向心、服務校友，並且不斷找回年輕新血，傳承生生不息的政戰使命。在他卓越領導下，我們

復興崗校友會，並沒有因為目前的社會氛圍而懷憂喪志。反而愈挫愈勇，展開許多構想和積極作為，要讓我們復興崗的精神，繼續傳承、繼續發揚光大。這股衝勁讓我這個老學長非常佩服，也值得學習。

　　最後，希望大家莫忘初衷，要堅持我們當初踏入復興崗的決心，堅定捍衛中華民國的生存發展，行有餘力更要以實際行動來回饋社會。期待我們復興崗子弟：要手牽手、心連心，緊密聯繫、相互支持，共度一個俯仰無愧、安詳而有意義的人生。謝謝！

附註：

　　2020.07.11 中午，花蓮縣復興崗校友會開完年度大會，青雲把會中「主席致詞」及「主席結語」內容，鋪在痞客邦「青雲的樂合夢園」部落格，分享格友，第二天也將它分享給手機 LINE 裡的朋友。今天（7 月 15 日）本期同學會長洪陸訓兄打電話來鼓勵有加，並吩咐青雲把致詞內容稍作整理，傳給資訊長張宗鑑同學，希望把它列入正在編輯的同學會訊。

　　青雲只不過是在花東偏鄉，略盡一點復興崗子弟的責任，洪會長的嘉許，實在愧不敢當，但也不忍拂逆會長美意，已遵示把前面大串貴賓名號省略。改在這附記裡致謝，感謝他們對花蓮縣復興崗校友會的重視與支持。

當天與會的貴賓：

　　代表花蓮縣政府出席指導的社會處張逸民處長

　　復興崗校友總會李天鐸總會長

　　黃復興黨部花蓮支黨部（黃榮華黨部）袁憲治主委

　　花蓮校友會顧問謝國榮議員

花蓮校友會顧問吳建志議員

旅美歸來的 3 期大學長牟啟忠教授

母校新聞系任教 40 年的 5 期學長蔣金龍教授

花蓮市長服務處主任

# 宜蘭縣榮光協會簡介

黃錦璋（政二班）

　　錦璋自接任宜蘭縣榮光協會理事長以來，對該協會領導、服務作為，在宜蘭縣政府社會處全面要求加強社區內，75 歲以上高齡民眾，尤其是落實退輔會，對單身就養榮民服務與照顧方面的政策指導，比以往的作為，可謂更為深耕，更顯凸出，因此，斯值同學會計劃出刊會訊之前夕，爰作以下報導。

## 一、概況介紹

　　宜蘭縣政府要求各社區內，年滿 65 歲以上耆老，必須在「家屬安心、老者健康、社區溫馨、社會祥和」的願景下，建構一個「宜蘭好生活」。宜蘭縣各社區及各社團負責人，無不戮力以赴，於茲謹略述「宜蘭縣榮光協會」的一些建樹，分享如後。

## 二、績效作為

（一）發展組織，健全基層

1.行政院退除役官兵輔導委員會，下設各縣市榮民服務處，宜蘭縣榮民（榮眷）　人數多達數千人，僅靠榮服處有限的人力，根本無法達及偏鄉服務。民國 92 年才有三位志工榮

民，自行向縣政府申請成立「社團法人宜蘭縣榮光協會」，以輔助行政單位人力之不足。

　協會現有理事、監事21人，志工15人，旨在服務、照顧外住就養及一些弱勢榮民（榮眷）。兩年來現有會員 534 人，唯資深會員皆已老邁或往生，為加強組織發展，未來加強新會員的招募工作，為當前重要工作之一。

2.協會為加強組織發展，年度內均依法召開理事、監事會議，以聽取建言、凝聚共識，集思廣益，增進團結，期能發揮協會組織的整體力量。

3.協會為貫徹政府「高齡志工為高齡民眾服務」，已成立「高齡志工服務團隊」，經常辦理志工研習，以促進意見交換及工作經驗分享，並積極參加縣政府舉辦的教師訓練及志工縣外參訪，以增進志工的專業知能。

　　（二）主動積極，展開服務

1.協會依年度工作計劃，爭取共同福利及權益，特別針對急需照顧之單身（含就養）獨居袍澤，和孤苦無依，生活清寒之遺孤、遺眷，適時適切提供服務照顧，如定期或不定期訪問、探視，協助緊急就醫，或急難救助，及病故榮民善後處理，調解糾紛，解決疑難等。

2.協會為落實服務工作，提昇服務品質，兩年來以現有之基礎與情誼，加強連繫榮民服務處、縣政府、市公所、各級民意代表，及民間社團等單位之支持，以擴大協會服務的領域，年度內接受政府指派學者蒞會指導，辦理工作績效評鑑，榮獲「優等」。

3.兩年來服務工作績效

（1）參加榮民（榮眷）公祭 26 人次。

（2）急難救助轉介服務 29 人次。

（3）訪視、電話訪問，榮民（榮眷）2631 人次。

（4）辦理住院慰問，34 人次。

（5）供餐服務，3842 人次。

　　（三）舉辦榮民（榮眷）聯誼活動

1.兩年來舉辦春節寒冬送暖，活動項目包括免費贈送春聯、健康講座、免費理髮、健康檢查等，人數達 300 餘人。

2.配合元宵活動，召開會員大會：除例行會議外，並舉辦團拜、餐敘、摸彩等，場面熱絡，盛況空前。

3.協會於年中，主動策辦縣內各退伍軍人社團，會員不老遊學巴士，參訪羅東林業文化園區、冬山生態綠舟園區、綺麗珊瑚博物館等，參訪人數達 130 餘人。觀摩學習參訪人員均能稱讚滿意，收穫良多。

4.每年端午節前，均辦粽葉飄香活動，邀請單身獨居榮民（榮眷）及社區民眾參加，活動內容包括：包粽子研習、健康講座、防騙宣導等，參加人數約 150 餘人。

5.協會會務工作，接受中華民國退伍軍人總會評鑑，因績效優異，每年均列「優等」。

6.每年元旦均由縣政府及市公所，分別舉辦元旦升旗典禮。敦促榮民（榮眷）踴躍參加，在升旗典禮後，並參加健行活動。

# 三、協會未來展望

（一）招募年輕榮民為會員，初期目標為 30 人。

（二）籌募贊助經費，增加協會的活動半徑。

（三）為單身就養及弱勢榮民（榮眷），謀求更多的
　　　福利。

（四）發展與榮民服務處，及宜蘭縣退伍軍人協會的相
　　　互支援與聯誼。

# 四、協會的期許

　　協會在經費極端拮据狀況下，尚能有效推動各項活動，並能創下優異的服務成果，也深受地方各界的肯定與好評，成績得來不易，期盼在既有組織基礎上，再不斷策勵，百尺竿頭，更進一步，成為榮民（榮眷）唯一的信賴，亦是協會最終的期待。

# 復興崗校友會簡介

劉建鷗（新聞系）

　　復興崗畢業校友會目前有兩個：一是「中華民國中央軍事院校校友總會政治作戰學校校友會」，成立於 77 年 12 月，為中央軍事院校校友會之分會，以服務所有政治作戰學校校友為宗旨；另一個是「中華民國復興崗校友會」，於 101 年 2 月向內政部立案成立為全國性及區級人民社會團體，以服務會員為宗旨，內政部為主管機關，並接受人民團體法規範。於 105 年 3 月登記為法人，主要目的在登記不動產。

　　實際運作方式仍以政治作戰學校校友會為主。簡介如下：

## 一、政治作戰學校校友會業務對象為中央軍事院校校友會、國防大學政治作戰學院

　　（一）軍事院校校友會：

1. 三節慰助：限額 3 員，三年內不重複申請。
2. 傑出校友：限額 2 員，限中央軍事院校校友會會員。
3. 會員代表大會：依配額派員參加。
4. 健康講座：校友皆可參加。
5. 參訪或紀念會：依配額派員參加。

（二）大學政治作戰學院：

1. 傑出校友：院部甄選方式較彈性，各系和校友會皆可　　個人亦可自荐，有評分限制。校友會請各期班提出人選，分數達標才送件。審議核定後於院慶表揚。
2. 院慶：校友會配合辦理活動，轉知校友返校參加聯誼（須造冊）。
3. 門禁：校友進校區須於一天前先辦會客登記，基本資料查核（身分證、行車執照、行動電話）。當天須受會客者至會客室陪同進校區。期班返校辦同學會，可透過校友會協助，代發函給政治作戰學學院，期班同學會須附返校人員名冊及活動流程。

（三）政治作戰學校校友會內部：為各地區校友會和各期班同學會聯繫平台。

1. 加菜金：各地區校友會和各期班同學會年度大會時，由會長前往致贈 2000 元。
2. 慰助：配合中央軍事院校校友會三節慰助，超過 3 員限額者，由校友會贈 2000 元慰助金。
3. 校友聯繫：
   （1）臉書：政治作戰學校校友會粉絲專頁。
   （2）Line 群組：
   a. 工作群：會長工作群（各期班會長及地區會長）、理監事群。
   b. 聯誼群：聯誼 1 和聯誼 2。

4. 社團：合唱團、國旗隊、路跑團、慢壘隊等同好組成的社團，囿於經費，校友會較難資助。

5. 奠祭：校友亡故，可申請電子輓聯（須視當地有無電子輓聯）。

## 二、中華民國復興崗校友會：業務對象為內政部

（一）會員代表大會：每年召開 1 次以上會議，慣例併政治作戰學校校友會代表大會（內政部不承認這部分）。

（二）理事會和監事會：一年開 2 次以上會議，可併為聯席會議。慣例再併政治作戰學校校友會執事暨輔導委員會（內政部不管這部分）。

（三）校友會財務：每年度須造報預算和決算，經理、監事會審議通過，提大會追認是內政部審核重點。

（四）校友會會館列為中華民國復興崗校友會不動產，須建立財產管理委員會，協助處理財產問題。目前歸還購館的借款是重點。

（五）會員繳會費和參加會員代表大會是重點。人和錢是社團須處理的重點。

## 三、對本屆同學會同學的慰助與傑出校友表揚

自從 107 年 9 月第九屆團隊成立至今，洪陸訓會長時時關心同學們的身體健康狀況，因此，每一季委請本期（校友會代表劉建鷗）申請中央軍校友總會及復興崗校友會「濟助慰問金」，雖然款項數目不多，但是照顧同學的內心誠意濃濃。

曾經獲得中央軍校校友總會「濟助慰問金 5,000 元」者：體育系，徐萬賓；政治系，許德富；影劇系，張宗鑑；政治系，安哲賢；新聞系，王瑞甡。另外獲得復興崗校友會「濟助慰問金 3,000 元」者：體育系，羅勇雄，計 6 人。

復興崗校友會，每年期盼各期能推薦同學們參與傑出校友遴選，本期於 108 年 11 月推薦美術系 邢萬齡參與評比，終於以高分獲得 109 年復興崗傑出校友獎的殊榮。

曾經當選過復興崗傑出校友的本期同學蔡勝隆，因他對軍校校友會的莫大貢獻極獲肯定，經本期同學會與復興崗校友總會推薦，中央軍校校友總會於今年 7 月 21 日複審通過蔡勝隆同學當選 109 年度傑出校友，原定 8 月下旬，全體理監事會議通過後再發布，11 月會員大會表揚，但因事發突然，中央軍校校友總會理事長季麟連上將核定先行表揚，並於 7 月 26 日公祭時專程南下頒授獎牌，由蔡勝隆夫人代表接受。

# 叁、走過半個世紀的碩果與感懷

## 致我的青春夥伴們

王漢國（政二班）

　　年少的歲月，總讓人記憶猶新；青春的旋律，總讓人回味無窮。

　　「大屯蒼蒼，淡海泱泱，我們在復興崗上。曉園春滿，桃李芬芳，一旦雷聲動處，龍虎必飛揚。」這首由王昇作詞，張錦鴻譜曲的《復興崗頌》，是我們傳唱已久的歌曲。壯士出征意飛揚，澎湃、激昂，引人無限遐思。

　　民國53年9月，我們來自四面八方，在北投復興崗政工幹校（後更名為「政治作戰學校」）集結。當號角聲響起時，那青澀徬徨的眼神，慌張迷離的腳步，忐忑不安的心情，無一不流露在每一個人的身上。

　　那年，新生入伍生營是由三個男生連外加一個女生排編成的，共有310名夥伴入列。而我則被編入了第一連第三排第七班，連長為謝天衢少校；三位少尉排長依序為余育培、丁振東和陳志慈，第七班班長為新官初任的平振剛少尉。

　　復興崗校區幅員廣闊，景色怡人。在西北角鄰近新聞館

和影劇館處有三座用鐵皮包覆的木造蒙古包，櫛次鱗比，較為罕見。一說是日據時代的馬廄。蒙古包的前方為連集合場，也是我們早晚點名、聽訓和受責罰之處。一個連使用一座蒙古包（女生則進駐木蘭村），因其內部空間狹長，人數眾多，前後門遙遙相望，中間為人行通道，左右兩側設置雙層大通舖，顯得格外擁擠，自無個人隱私可言。

凌晨時分，旭陽初升，我們早已整隊完畢，在等候和恭聆長官的訓話。當營長朱壽鴻中校蒞臨時，但見他的目光犀利，炯炯有神，中等身材，步履穩健，巡視群生，好不威儀。

營長的開場白倒是鏗鏘有力、令人難忘。仍記得他是這麼說的：「歡迎各位同學加入復興崗的大家庭，開始接受為期三個半月的入伍訓練。入伍訓練是由文學生轉型為革命軍人的重要基礎，從體能的磨練到心志的焠鍊。凡是能夠完成訓練課目的同學，都將成為未來國家的『勇士』，營長在此預祝各位的成功。」

對國人來說，民國 50 年代，既是敵我對峙、砲聲隆隆、鄉關重隔的大時代，也是風生水起、波瀾壯闊、豪情萬丈的年華。我們在復興崗上就此展開了「百日足跡」的入伍生活，其中有年少的輕狂，有任性的執拗，有夜半的思親，也有不如歸去的念頭，如人飲水，點滴在心。當然，還有許多忘不了的老生常談，口耳相傳，有滋有味。

嚴格說來，入伍生的日子，既單調又刻板，既緊張又刺激。從單兵動作到班排教練，從認識武器到實彈射擊，從超越障礙到野外求生，一早忙到晚，難得片刻休憩。似乎凡事都分秒必爭，錙銖必較，對於「合理是訓練，不合理是磨練」

這句口頭禪，早已爛熟於心，卻不容爭辯。而入伍訓練結束後能否如願地從一個文學生順利「轉型」為革命軍人，則取決於那一次又一次的試煉和考驗了！

在單調刻板的入伍生活裡，音樂課算是最受歡迎的。蔡伯武教官慈眉善目，和藹可親，教學認真，他教我們唱校歌、學軍歌，一遍又一遍，不厭其詳。團康活動原則上由各連級單位自行規畫實施，等期末時再統一由營部評比驗收。相互競爭，有競爭才有進步。

此外，還記得有幾門重要的政治課程，必須認真學習，如「國父遺教」、「總統訓詞」、「國際現勢」、「大陸匪情」、「革命政工」……等等。授課教官皆屬一時之選。口條好、風度佳，教學互動也不錯。

至於戶外課程，除軍人基本教練和五百公尺超越障礙外，實彈射擊、現地戰術及野外求生訓練等課目，既是練膽也是練技，對於準軍校生來說，自是格外重要。

當年，實彈射擊場地在北投的小坪頂靶場，每次打靶，我們都要列隊唱軍歌從貴子坑溪入山，然後再沿著蜿蜒曲折的山路，拾級而上。登山時，身旁的夥伴們各個靜默不語，顯得有些心事重重，是擔心也是害怕。因為打靶成績的好壞會影響個人及團隊榮譽，豈能掉以輕心呢？……

而野外求生的挑戰性更大。要想在野地裡存活，各項求生技能必不可少，如攀岩、結繩、防毒、偽裝、隱蔽、地圖判讀、地形地物……等等，不一而足。求生，靠著個人意志和團隊默契，兩者缺一不可。話雖如此，可當時心裡始終惦記著：「我一定要活下去」！

　　清龔自珍在《己亥雜詩‧其五》所云：「落紅不是無情物，化作春泥更護花」，如今細想一下，真是寓意深長，發人深省！因為它意味著一種奉獻式的人生理想。

　　其實，在我們整個新生轉型的「百日足跡」裡，不都是靠著園丁們的悉心培育和呵護才能成長壯大？如填土施肥、培元固本，修枝剪葉、端正姿態等等，這些都是在幫助我們革除舊脾性，養成好習慣，從外表儀容到內在心性，從外在的規範紀律到內在的心悅誠服。換言之，就是要我們真正體認到「團隊重於個人」、「吃苦就是吃補」，以及「堅持就是勝利」的道理。

　　英國名詩人威廉‧華茲華斯（William Wordsworth）曾說過：「生命的黎明是樂園，青春才是真正的天堂」。斯言善哉。日月迢遞，星河流轉，逝者如斯，不舍晝夜，細數我們入伍生活的青春歲月，都是用汗水及淚水澆鑄而成的。

## 憶難忘，我又回到復興崗

（以下兩篇短文選自《青年日報》副刊，經徵詢作者同意摘錄轉載，編者）

## 一、〈憶難忘〉

　　軍校畢業轉眼半個世紀了，真是難以想像。從青春到老邁、從青澀到老成，上蒼似乎沒有忘記，也不會放過任何一個人的。

　　在沉緬於往日如朝陽初昇般的青春歲月之際，自然會想起當年帶領我們長達近四年之久的學生班主任馬躬耕將軍。

　　馬躬耕將軍，浙江嵊縣人，中央軍校第十四期畢業。在他擔任班主任期間，正值盛年，儀表堂堂、雄姿英發，昂首闊步、精神抖擻。他是數千位學生們心目中的偶像和標竿，即使是在半個世紀後的今天，仍難忘他的風采和行誼。

　　老主任躬耕將軍曾在本期同學畢業三十周年時寫過一篇賀文，名曰：「常記得」。他說常記得：當年學生們每周的閱兵訓練，處處展現雄壯威武的氣勢；學生們周末的勞動服務，讓校園變得更整潔而美麗；學生們的社團活動，如演講比賽、辯論會、詩歌朗誦、話劇演出……，可謂各擅勝場、十分精彩；學生們在中正堂集體「背誦國文」，並由校長親自主持，總讓人感到既緊張又興奮。其實，這些活動有一個中心目的，就是要求學生們確實做到「能想，能說，能寫，能唱」，以期個個成為允文允武的優秀政戰幹部。

　　仔細推敲，老主任躬耕將軍所提到這些「常記得」的往事，不正是我們學生時期最感榮耀、也最為難忘的生活點滴？「青青子衿，悠悠我心。但為君故，沉吟至今。」雖然老主任已離世多年，但五十年前的往事，彷如昨日，歷歷在目，清晰如鏡。惟此刻心中所憑添的，只是更多的懷念、悵惘和不捨。

　　平心而論，老主任躬耕將軍的領導是相當成功的。他曾經公開表示過：「我帶學生完全憑著一片熱心良心愛心，處處站在同學們的立場設想。在管教上，力求平和、自由、活潑。我不虛假，不做作，實實在在，誠誠懇懇，承上啟後，

合作協調。」而他說的這些屬於領導上的特質，不也正是復興崗自創校以來所一貫傳承和發揚的誠實校風和無私精神？

此外，老主任在賀文裡，還特別說了這麼一段話。他說：「退休後，有人問我，你一生最感到得意的事是什麼？我常回答『帶學生』，因為與年輕的學生相處，他們會無形中感動你，影響你，你有時候覺得自己也變得年輕了。」相信，這也是每一個曾經在軍校裡擔任過領導幹部，帶過學生的人的共同感受。因為，青春的活力是具有強烈感染力的。

「往事不能如煙」。的確，一如在他的賀文中所提及的周中峰校長、田樹樟校長和羅揚鞭校長，也都是當年曾經帶領過我們的啟蒙者和教化者。「青山寂寂樹蒼蒼，綠水悠悠海茫茫。」這是由甄秀儀傳唱多年的《憶難忘》這首歌曲的首句。每當想起早年師長們的辛勤教誨，和他們所留傳下來的思想、人格與風範，卻如青山綠水，永存人間。

# 二、〈我又回到復興崗〉

歲月如梭，星河流轉，五十年，整整半個世紀，究竟是個什麼樣的時間概念呢？我們應怎樣去回顧往日的純真情懷？從青春年少到垂暮之年，從少不更事到年登耄耋，在走過人生風雨，嘗盡世事百態之後，又如何來傾訴那久蟄於心的一切？

遙想當年，彷有如小喬初嫁，不識人間愁滋味，卻為賦新辭強說愁。其實，自從踏入復興崗大門的那一刻起，我們的生命便跟「她」有了連結，深刻長久而又恆定不渝的連結。

這也許就是我們常說起的「革命感情」吧！

回顧過往的半個世紀裡，由於得到革命大家庭的滋育和教養，使得我們懂得感恩惜福，莫忘初衷。四年的嚴格軍校生活，我們朝夕相處，同窗共硯的點點滴滴，至今仍歷歷如繪，難忘於心。的確，那真是一段培養強健體魄、奠定知識丕基、磨練革命心志、承擔部隊責任的啟蒙歲月。

校園裡，巍然聳立的「精神堡壘」，時時提醒著我們要記取「刻苦，冒險，忍辱，負重」的真諦。而由先總統 蔣公書勒的「復興武德」四字，則是我們必須身體力行、貫徹到底的終極使命。

五十年來，我們踏遍了國土，領受了戰火，也親炙了革命事業中的成敗和榮辱。而這一切都是用生命換來的、熱血澆灌的。從本島到外島、從山巔到水涯，戍守的是台澎金馬復興基地，心繫的則是早日重整舊山河。在部隊裡，我們不但是官兵的師褓、橋樑，也是戰鬥的前鋒、革命的勇士。在我們每一個人的腦海裡，都永遠記得「團結三軍，動員民眾，戰鬥的任務莫放鬆」這句話。

五十年來，自從走出校門的那天起，我們從基層到高司，從軍隊到社會，每個人忠於國家，恪守法紀，勤懇自勵，公而忘私，惟心心念念的總是如何報效國家，達成任務，以期毋負所託。如今，雖然我們都已離開職場，告老還鄉，卻感到無比的驕傲、榮耀和無愧，因為這半個世紀以來，我們已真真實實地履行了作為復興崗子弟的責任和使命。

五十年來，由於同學會的成立，和歷任會長的無私奉獻、辛勤耕耘，使得我們如兄弟手足般的革命情誼得以維繫不

墜，也使得我們患難與共的人生信念堅如磐石。雖然，青春不再來，我們卻永遠也無法忘懷復興崗上的師生情，同袍愛。相信，未來不管外在環境再惡劣，國家情勢再危殆，「立根原在亂岩中，任爾東西南北風」的堅勁志節，是永遠也不會改變的。

# 2019年南台灣冬季旅遊

李大同（政一班）

　　一段師生緣，一通電話聊，一世同窗情，牽引出14期同學的2019年冬季南台灣旅遊。

　　手機那端傳來熟悉又親切的聲音，是劉建鷗同學呢！墾丁小丑魚度假村的總經理賴文鎮，曾經是劉建鷗的學生，邀請恩師到南台灣度假。桃李滿天下的退休美女教授，從台灣北到台灣南，搭車、換車、等車、轉車，帶著行囊，頂著豔陽，多折騰！萬一稍有閃失，更不得了囉！瞬間，我靈機一閃：隻身匹馬獨樂樂，不如呼朋引伴眾樂樂。劉建鷗首肯了，跟著我們要接辦了。

　　十四期同學中，住高雄的王勇敢、朱文森、李大同、謝世經（按姓氏筆畫排列）四家夫婦，磁場相近，定期聚會，被戲稱為「四大家族」。我們在朱文森家聚會研商，規劃行程，再向領隊劉建鷗報告，敲定108年11月19至21日三天兩夜的旅遊。

　　我在高雄市政府人事處服務時，因業務關係，認識租用車輛的協興通運公司。我和王勇敢前往該公司洽商租車事宜，老板夫婦黃正民與林秀蕙念舊，特別以優惠價格，將座位大而且舒適的25人座，中型遊覽車租給我們。老板娘是饕客，熱心推薦並且肯允，幫我們代訂沿途中，有特色又美味可口的餐廳 —— 這些餐廳都是喜好美食的老板娘多次親自

蒞臨，品嚐鑑定，菜色與服務都受到肯定的。

　　日期、車輛、食宿都確定後，「四大家族」開始計畫行程、遊覽景點、旅遊預算、熱情邀約，同遊夥伴人數暫定 20 人（這是最經濟的預估人數）。我們想邀約平日比較常有連繫的同學，請劉建鷗、朱文森、王勇敢、謝世經，分別邀請韋啟聰、張瑞華夫婦、劉剛夫婦、劉尊仙夫婦、張清民夫婦、潘慶權夫婦，再加上南部四位主辦團隊夫婦檔，剛好 20 人。

　　11 月 19 日 9 點半，遊覽車先到寒舍上貨，我精心選購好的糖果、餅乾、飲料、滷味，還有親煮的冰糖咖啡、現泡的高山好茶，凡是想得到的物品，都俱全上車了。十點半，左營高鐵站迎接南下的同學，老朋友見面格外熱絡開心。車離開高鐵站，上國道 1 號，轉 88 號快速道路，抵達屏東縣東港鎮口碑載道的佳珍海產餐廳。午餐盡是超新鮮又豐盛的海產，贏得夥伴驚呼連連讚不絕口。

　　先到福安宮參拜祈福，又到恆春高山巖福德宮（歷史悠久的土地公廟）遠眺，再繼續旅途。轉個彎，就是小丑魚度假村的正門了。遠遠地，就看見一行人列隊，準備迎接貴賓的陣仗，總經理帶隊接待呢！安排好住宿，進了房，哇塞！寬敞乾淨，兩張大床，配合旅遊補助，每天每間房間，只要600 元，經濟實惠，超值。

　　平日一般旅客，小丑魚度假村只供應早餐和宵夜。這回是劉建鷗教授領隊，就大大不同囉！總經理賴文鎮既是劉建鷗的學生、又是 25 期的學弟，退休時官拜將軍，今日卸下軍戎，親身下廚，洗手做羹湯，為老師為學長為寶眷，盛情邀宴、誠意十足、熱誠滿分、令人感動。我們準備好一瓶 1,000c.c.

的金門高粱紀念酒，由劉建鷗領隊代表致贈，表達我們衷心感謝熱忱招待的謝意。這夜又托壽星的福，我們預訂了生日蛋糕，為張清民暖壽，也祝福大家有生之年，天天平安健康又快樂。

住宿兩夜，每天晚上，度假村都提供免費大包廂，讓我們無拘無束地盡情 K 歌歡唱、小酌抒懷、品茗閒聊、喝咖啡、飲小酒（李大同開了一瓶存放 40 多年的拿破崙白蘭地美酒、王勇敢提供一瓶金門高粱酒）、吃點心、嚐滷味。滿屋洋溢著歡樂氣氛，其樂融融不知老之將至。到了晚上 10 點，還有宵夜，真是享受！

第二天，早餐後帶著輕鬆愜意的心情，驅車到旭海草原（這裡原本是管制區，最近才開放），中午在原住民的馬里巴廚房用餐，享用原住民特色的精美菜餚。之後，四重溪牡丹風情溫泉行館泡湯（2～3 小時）的行程，因為起風轉涼而作罷。我們改到二重溪馬場騎馬，馬場的馬都很溫馴，沒騎過馬的眷屬，嘗試騎馬，另有樂趣。再轉去逛逛具有海洋特色的藝品店，讓爺爺奶奶外公外婆，買些小禮物回家騙孫，不亦快哉！在稍具規模與名聲的阿利海產晚餐後，才回度假村，繼續昨晚的歡唱、聊天、泡好茶、喝咖啡、飲小酒。

11 月 21 日，離開住宿二天的小丑魚度假村回高雄，沿途南巡鵝鑾鼻燈塔，挑戰恆春的風吹沙，原本規劃到南灣搭乘玻璃潛艇觀賞海底珊瑚礁美景、也因天候不宜而被迫取消了。中午到後壁湖港紅柴坑餐廳用餐（該餐廳靠近海邊，運氣好時，可以吃到剛捕捉、現烹煮，又便宜的海產）。車行老板娘特別幫我們點選餐廳最高檔的海產食材，大家心滿意足

的表情，就是這頓海產新鮮又美味的明證。

　　除了第一天購買了鹹蛋和皮蛋的伴手禮，劉建鷗領隊特別囑託：到東港再購買每人一包正品櫻花蝦。路過萬巒時，我們提撥剩餘款，為每戶購買一份遠近馳名的海鴻萬巒豬腳及東港潤糕。安抵高雄了，我們在美濃客家菜餐廳晚餐，劉建鷗唱作俱佳的連篇笑話，讓人笑彎了腰，差點噴飯。又來到左營高鐵站，聲聲互道珍重，情懷依依不捨，揮手目送同學北上，期待再相會。

　　這次樂齡族的安心旅遊，三天兩夜，眼望碧藍天、無垠海、綠波地，耳聽落山風、家常話、笑語聲，享受『三好一公道——吃的好、玩的好、睡的好、價錢又特別公道』的樂活休閒生活。感謝劉建鷗牽線促成、賴總經理禮遇招待、張清民全程攝影、王勇敢導覽解說、朱文森精挑蝦皮、謝世經財務管控，更要感激的是同行夥伴與寶眷的參與，十四期同窗情誼深遠綿長，有你們真好！

領隊　劉建鷗　紀錄　李大同
108.11.19～21

# 弟兄們，想你們了！

李繼孔　董樹雲　劉建鷗
梁立凱　周貴森　張代春

## 一、弟兄們，想你們了！

（悼念王瑞甡與新聞系往生同學）

李繼孔（新聞系）

這才一年不到吧？！十四期新聞系相繼痛失了鄭昌男、張鍾懋和王瑞甡（瑞甡）三位菁英同學，連同前幾年以來的何宇琦、張茂雄（康邨）、方子廉，同班的十六位男同學，竟然先後已經凋零了六位。豈止是傷悲啊～

說起來真是很久以前了，都超過五十年了，那就從進入『復興崗』的「近代史」話當年吧～

若是依照瑞甡的說法；我們是「二度」校友，因為我們都來自「台南二中」。

其實，我們在台南根本不認識，甚至不曾謀面。可是，我間接又間接聽到轉述來自他的說法，他跟我是在一場學生時代的青少年群毆事件中，由於「不打不相識」結為哥們兒、而且是「鐵哥們兒」。

一年級；他發起了我班（14期新聞系）同學的春季郊遊，我還記得他在黑板上寫下計畫大綱後，回頭望著座位上的男、女同學，充滿期待又帶著羞澀的神情。

全班通過後如期成行。目的地是住在台北以外同學們、一心嚮往的陽明山。

我印象最深刻的是～我們都穿著袖口上繡著一條槓的冬季軍常服，走出校門、搭火車、轉公車，往返的路途上，我們正值青春年華的豪邁，我們很驕傲。

沒有礦泉水、鋁箔包、易開罐，連個塑膠袋還少見的年代，簡單的夾心麵包，我們邊吃、邊聊，更深入的自我介紹，逐漸融開陌生感，大家聊得很開朗、很盡興，笑聲掠過綠油油的大草坪，散漫在杜鵑花叢裡。直到今天還難以忘懷。

14期各教授班和學系、及前後期同學，眾所公認我班凝聚力最強、最團結，或許就在那一天、那一刻，立下了堅實的基礎。

回程有段小插曲，搭上公車下陽明山，缺門坐在最後排，……突然的緊急煞車，瑞蚨在同學和其他乘客的驚呼聲中，順著車廂中間的走道，臉色驟變的快步向前衝……幸虧當時的公車車型，在司機座位右側有個外裹塑膠皮的大型機件箱，缺門順勢止步、猛地趴在機件箱上，毫髮無損。大家鬆了一口氣，驚惶失措的的司機，瞅著缺門良久說不上話來，瑞蚨卻抬起頭、驚魂未定地跟司機說：「你……你的、煞車……好、好棒啊！」

二年級；他跟我被隊職官指定，分別擔任伙委和監廚。那天，是每個月一次的學生班慶生會，循例加菜。所以伙伕頭（炊事班長）一早就熬上一大鍋、準備炸鴨子的沸油。瑞蚨和我看準時機，把兩個饅頭扔進油鍋，卻找不到撈起饅頭的大杓子。伙伕頭發現我倆的行徑，當然輕饒不了，順勢抄

起一把大菜刀、嘴裡嚷嚷著我們聽不懂的方言，兜頭就劈殺過來，看來不像是嚇唬、嚇唬我們。不敢怠慢也不敢回手對打，只能倉皇分頭逃命。

直到畢業前，我們都避免跟這個瘦削、半口金牙的老廣伙伕頭正面相對。

也是二年級；封閉多年的游泳池開放了。每兩週的體育課，可以下一次水游泳。那天，瑞蛀在跳水時，不慎磕掉了門牙。此後約摸一年多，他一直沒有門牙，說話真的會漏風，於是，瑞蛀自始有了「缺門」的綽號。

鑲上門牙後，有天早上在洗臉台，他忽然驚叫起來，原來門牙不慎沖進了排水溝。二話不說他迅速奔回寢室，手握一柄十字鎬，再回到洗臉台，兩人連敲帶撬的挖開排水溝蓋，找回那枚珍貴義齒。

還是二年級；那天在大操場基本教練課，周貴森忽然暈倒、癱在地上。「缺門」和我先到醫務所找醫官，醫官說趕快送醫院，離本校最近的是北投半山的的野戰818醫院。醫務所的救護車是一輛3/4吉普車，可是四個輪胎有三個故障。醫官叫我們用擔架送病患到野戰醫院。

隊長當場指定四位同學抬擔架，抬著擔架往北投醫院奔去。才到學校側門，衛兵以沒有「放行條」不准出校門，結果只有「缺門」和我，抬著貴森朝醫院跑。進了醫院大廳，「缺門」照顧貴森，我去辦掛號。待我回到擔架前，只見「缺門」蹲在擔架旁，顧不得自己污汗淋漓、神色關切的把手上半截香菸，湊向貴森嘴裡。

「缺門」對同學、朋友，夠義氣。

　　二年級的回憶，還多得是……，越想越多，只是暫且打住吧。

　　三年級；「缺門」和我再度當伙委。我們是學生班「聯合餐廳」竣工後啟用的第一屆伙食委員會。當月慶生會的上午，一位江浙籍長官來交代；他那桌多放幾個「鴨香」（俗稱鴨屁股），為了不辱使命，我們趁學生隊伍進飯廳前，各持一雙筷子，兩人逐桌搗騰了十幾分鐘，長官桌的主菜盤堆了七、八塊「鴨香」。

　　開動令才下達，長官區傳來峻厲的吼聲：「伙～委～！」「缺門」和我聞聲感覺不妙，兩人急奔長官區，一位山東籍的長官，用筷子指著主菜盤子：「這是怎麼回事兒！？嗯？……有這個菜嘛？嗯？」我愣在當場，不知所措。「缺門」眼明手快，端起盤子返身進廚房，不一會兒換回一盤「正常」的鴨子主菜。

　　事後，我們兩人笑翻了。結論是～可以拍馬屁，千萬不要拍「鴨」屁。

　　三年級藉伙委之便，找了一個星期天，早餐後，各自帶一個饅頭夾鹹菜，從伙房後的鐵絲網溜出學校，兩人要去征服大屯山。走了幾個小時，終於到了頂峰。

　　吞下饅頭，找到一處看來清澈的小水溝，沒敢多喝，漱口潤喉而已。

　　事先，我曾經查到資料，大屯山當時的海拔是997公尺，兩人商量如何破1000公尺的紀錄？於是，他找到一根很長、很長的樹枝，他攀爬上一棵最高的松樹，舉起長樹枝大聲嘶喊：「我破了一千公尺！我破了一千公尺！……！」輪到我

了，儘管「缺門」讓我踩住他的肩膀，攀上大松樹的主幹，我還是爬不上去，只好放棄。

倒是下山途經一片野生桑葚，採了不少桑葚野果，分享也羨煞班上同學。

三年級暑訓跳傘，可說是前所未有的辛勞、艱苦大事，第三次空中跳傘前一晚，我兩人密謀要落到降落場邊的甘蔗園。兩人果真如願大啖甘蔗，還相互拍照，留下此生的最珍貴的回憶之一。（事先，我在懷裡藏著照相機。當年如果被逮到，後果就惹出大麻煩了。）

這年冬天，我因右腳大拇趾甲內翻，腫痛發炎灌膿，醫務所醫官要手術處理，「缺門」陪我到醫務所，打了兩針麻醉劑後，醫官命令我脫下上衣，矇在頭上準備動手術。……一分鐘不到，我和「缺門」不約而同地發出淒厲的慘叫，我的操作服上衣，因為劇烈扭動掉落一旁，坐在我對面的醫官滿頭大汗、喘息不止，他手上的老虎鉗，嵌著我鮮血淋淋的半截腳趾甲，「缺門」慘叫連連，是因為我劇痛而狠掐他的脖子引起。門口候診的五、六個學生，正手忙腳亂地搶救一名因目睹「血案」昏倒在地的女青年工作大隊學員。

我狠狠的盯住醫官胸前兵籍牌的名字，誓言血債血還、此仇不報非君子。可是還沒到畢業，就忘得一乾二淨，甚至醫官戴沒戴眼鏡也完全沒有印象。

三年級寒假前，我們邀約同學徒步橫貫公路，那是當年中橫公路竣工通車後，始終盛行不衰的團體健身活動，允諾參加的同學一一臨時變卦。放寒假當晚，「缺門」和我意興闌珊的到圓山張家寶家門口，摁下門鈴，出來開門的是和藹的

張伯母，她親切的說：「家寶感冒了，出不了門。這樣吧，你們兩個就在我家院子露營，明天張媽媽給你們做好吃的，⋯⋯然後你們再回台南⋯⋯。」

　　心有不甘卻無奈，「缺門」和我各揹著大背包到了火車站，猶豫徘徊地思量，回台南？抑或兩傻闖中橫？正巧一名熟識的海軍官校一年級新生，走進售票口，喜孜孜地問我們去哪兒？「缺門」隨口謅稱：「我們正要去蘇澳，然後從蘇花公路到花蓮⋯⋯，再從花蓮徒步中橫去合歡山⋯⋯。我們哥倆竟然意外成行。

　　登上合歡山，幸運遇上十年最大一場雪，又正逢十一期馬永坤學長，在寒訓中心督訓，解決了我們的吃和住問題。那天，我們私自取了庫房的雪橇，到滑雪場跑道上滑雪，「缺門」玩斷了一隻雪橇，趕快偷偷送回倉庫，裝作什麼都沒發生。

　　然後伺機拜謝了馬學長，離開合歡山，取道台中下榻英雄館一晚，翌晨三人同行搭火車回台南。只待了一夜，第二天就趕搭北上火車，回學校正趕上收假晚點名。

　　一、二年級，「缺門」和我都參加文藝寫作社團，然而除了研究一位漂亮女生的白襯衫領口，為何老是髒兮兮的？其他一無所獲、所成。因為沒有機會寫作，連發表作品的園地也沒有。因是之故，三年級我兩人進了國劇社團。可是生、旦、淨、墨、丑，我兩人一無所知，遑論劇目、劇情。唯一獲利的是驗收公演時，我被指派演一個小丑。還有公演期間散場後，伙房會供應社團每人一份油炸饅頭夾荷包蛋，有時候女生怕胖拒吃，我們就多吃一份。特別好吃。

　　四年級面臨畢業，同學們的注意力，似乎落在畢業實習、政治大考和分發軍種、部隊上。記得就在報社實習返校後，「缺門」有點不像「缺門」了。他有時候沈思、發愣半晌，不發一言一語；有時候哼唱流行歌曲～「愛情像一個網，你為什麼往裡闖？……。愛情像一個網，你要不要往裡闖？……你敢不敢往裡闖？」我簡直被他闖糊塗了。問他「闖」啥？為誰闖？「缺門」從不回應。

　　大家各自領到分發派令，收拾行裝待命報到之際，有天他突然要我陪他去趟台北，而且是去中山北路「藍天餐廳」，要跟某人進行重要談判。臨到出發，他又改變主意，理由是「藍天餐廳」太貴，一杯檸檬汁就要一百多元，不忍心讓我破費。我沒有隨行，所以一直不知道他到底為誰闖？……為何闖？闖到什麼？

　　「缺門」之外，其他同班同學也有歷史故事～

　　張茂雄（張康邨）在二年級時，有天晚點名時輪值唱校歌起音，他站在連集合場，兩手一高一低作狀，口中則「看！看！看～……（陽明山前這句，因為心情太緊張，還來不及出口……）副隊長倒是急了，操著湖南鄉音指斥：「你到底要看什麼？看了又看，還沒有看到？！」大家都強忍著不笑，誰也不敢笑出聲來。

　　何宇琦（馬猴）是班上文武雙全的鋒頭人物，新聞系一向少有的橄欖球校隊隊員。他最早進入新聞工作，很受「台灣新聞報」當局器重。他也是我班最早結婚的男生；由於新娘家長是高雄警界高層主官，早先已經就表態反對此婚事。

　　婚禮進行中，同學組成衛隊，在飯店周圍警戒，防制有

人來砸場滋事。婚禮後，新郎偕同新娘趕到岳家門口，長跪懇求饒恕。直到翌日天亮後，岳父、母受到感動而應允婚事。王瑞甡則全程陪同在旁。「缺門」展現了他的深情和義氣。

方子廉與我交往不多，但是有兩個學期，我的床位跟他相鄰，中間只隔一座內務櫃。自治幹部和學長檢查內務時發現，他的櫃子時常有二、三枚白煮蛋，學長問他原因？他低頭小聲地答說：「要帶回家給爸、媽和弟弟妹妹吃。所以多年以來的印象中，方子廉稱得上是孝悌雙全的模範青年。

鄭昌男是我班才子型人物，他看的書，幾乎我都沒讀過。我連簡譜、五線譜都搞不通，他則經常身著閱兵大禮服，隨復興崗合唱團，到國軍文藝活動中心，為各國駐華武官團、或訪華國賓獻唱。有年，學校請來一位美籍教師來系裡教外電譯寫，我還在考慮人稱、單字、片語、時態，他已經跟老師談笑風生。

張鍾懋是四年同窗之外，在軍聞社及華視，我們也是同事、工作夥伴。學生時期，他最愛唱～「『你』有一頭小毛驢，『你』從來也不騎……」

我入軍聞社之初，他已經是獨當一面的駐南部特派員，兩人幾乎沒有機會見面。後來他轉職兼任華視工作，偶爾因公務及回軍聞社述職才得一見，難得敘舊深談。我進華視新聞部不久，他即奉調關係企業（子公司）擔任高層要職。

倒是學生時代，每逢周日與國定假日相連，他不時約我們家住南部的同學去他家，打牙祭、玩牌、過夜。當年，中午多半先到圓山張家寶家吃午飯，然後去撞球店敲兩桿（打彈子），晚飯就到張鍾懋家的大宅門裡，享樂好酒美食。

　　曾在張公館吃過一道名菜，端上桌的是一方狀似紅燒的大豆腐的菜餚，分切後送到各人面前，咬一口，不禁又驚、又喜、又納悶，因為內層竟然夾藏了好多「小魚」。

　　後來託張鍾懋跟他家大師傅打聽～原來此菜出自江南叫做「泥鰍鑽豆腐」。泥鰍必須在清水吐沙一夜，方得進鍋。出鍋後、瀝水，再入油鍋炸過，出鍋、澆上醬料即可上桌。聽來難度不高。於是那年寒假回台南，我自告奮勇要貢獻一道全家沒吃過的年菜。

　　泥鰍吐沙一夜都還活著，這是好兆頭。大塊豆腐熬透了，我喊道：「泥鰍啊，俺對不起了，十多尾活蹦亂跳的泥鰍，一股腦兒倒進大鍋。詎料，泥鰍立即全數肚皮朝天，連皮都掉脫光了。倍感挫折之餘，更迫不急待地等開學，收假當晚晚點名後，把張鍾懋叫住，當場興師問罪。他半惱怒、半挖苦地答說：「你笨、不是普通笨哪，誰教你水滾了、豆腐熱透了，再下泥鰍哇！？水要涼的、豆腐要冷的，泥鰍下鍋後，小火慢慢、慢慢的加溫，泥鰍才會往豆腐裡鑽求生……你呀，真是太笨了……」

　　幾十年來，這許多往事經常因觸景生情、睹物思情……一幕幕浮現眼前……

　　這幾天，耳邊又響起那首極其耳熟的海軍軍歌～

　　不分南北西東，我們是一群弟兄，歷春、夏、秋、冬，喜海闊天空……。

　　衣同、食同，作息同，甘苦同，……。一群弟兄如虎似龍，……也談戀愛、也吐私衷。不分南北西東，我們是一群弟兄。

弟兄們，想你們了。時光能倒流嗎？！……

# 二、向勇士致敬

董樹雲（新聞系）

新聞系 14 期同班同學王瑞甡罹患肺部疾病，在他過世前歷時九年，他在這漫長的九年間，勇敢的對抗病魔；歷經化療、藥物等非常人難以忍受的痛苦，他仍樂觀的面對。

他長久身心受病痛的折磨，已很虛弱，未曾聽他說過一句抱怨、痛苦的話。

瑞甡河北人，個性耿直，重情講義氣，他身體虛弱不適，仍然遠赴台中參加 14 期的同學會，同學、朋友們的婚喪，除非他在住院，皆不缺席。

我在南投住軍醫院時，他不畏舟車勞頓的辛勞來看我，這分真情，我銘記在心！

何宇琦過世，瑞甡、張家寶、史雲生和我，從台北到高雄參加葬禮。

新聞系同學會瑞甡都會參加，近年瑞甡身體越來越差，走沒多遠就會氣喘，需坐下休息；他仍然抱病參加。

本班王堡麗同學是「中華民國玉真倫理道德協會」理事長，瑞甡是會員，每次開會，他因走路會喘，都請他的夫人開車到會場接送。

瑞甡個性開朗、樂觀，文筆詼諧，擅長寫新詩，說話幽默，有瑞甡在的地方，就有歡笑聲，因而大家都喜歡他，他人緣好！

　　瑞甡講義氣:朋友有困難,他出錢、出力的幫助,不求回報!是一位不可多得的好朋友、同學。

　　我們新聞系每次聚會,瑞甡會帶他拿手的自製泡菜請大家品嚐並分送每一位同學,同時也帶比賽得獎的上好香醇的茶葉泡給大家享用!至今仍回味無窮!其中蘊含了我們 56 年濃濃的同窗情誼。

　　近年因藥物的副作用,瑞甡嗜睡、噁心、昏沉、腳麻木等不適,五月時,因治療所需,拔掉了幾顆牙齒。

　　五月初瑞甡住進了加護病房,他傳 LINE 對同學說:同學們!再見了!

　　瑞甡告訴夫人:想見同學們,想和同學有話要說。因新冠肺炎疫情,加護病房管制探病人數,每天一次,每次 2 人,新聞系同學已排定探病日期、名單,僅史雲生第一天見到了面,瑞甡很欣慰!沒想到第三天,5 月 20 日凌晨,瑞甡在睡夢中安祥離世。

　　新冠肺炎打亂了一切,瑞甡二女兒從北京趕回台灣探病,因要隔離 14 天,而未能見到瑞甡最後一面。瑞甡大女兒佩直,做事幹練,條理分明,為其父處理後事,非常優秀!

　　患難見真情,瑞甡夫人胡春慧女士在瑞甡長達九年的對抗病魔期間不離不棄,全心全力、細心、無微不至的照顧,是瑞甡在生病時能夠克服病中極大痛苦的最大精神支柱。

　　瑞甡的孩子因工作都不住台北、不在身邊,僅靠瑞甡夫人一人照顧,非常辛苦!瑞甡需長期至榮民總醫院門診,瑞甡伉儷家住北投,夫人為了接送瑞甡至榮總看病,減少瑞甡來往坐公車的辛勞,特別購買車子一輛,夫人自己開車親自

接送、陪同。

　　瑞娃夫人個子嬌小，做事幹練，深得其長官器重。瑞娃因生病、化療等因素，食慾不佳，瑞娃夫人每天三餐，都精心變換食譜、料理。瑞娃在家休養時，瑞娃夫人購買氧氣製造機供瑞娃使用。到了後期，有新藥可治療，須自費購買，一針要價七萬元，價格昂貴，需連續用藥，費用龐大，不是瑞娃的每月退休俸、優存利息所能支應，幸好瑞娃夫人善于理財，從之前的積蓄中來支付，醫院是要先付費購藥；否則；只能放棄治療。

　　有陪病人經驗的人都知道，病人辛苦，照顧的人更辛苦！何況漫長的九年！如今勇士瑞娃；擺脫了人世間的病痛，榮登西方極樂！瑞娃夫人已身心俱疲！瑞娃夫人胡春慧女士您對瑞娃患難與共，不離不棄，真情感人!我們敬佩您！

　　我敬謹代表新聞系 14 期的全班同學感謝您對我們敬愛、喜歡的好同學瑞娃的細心照顧和愛的付出，致上最高的敬意!感謝!感恩!

　　希望您好好保重身體，祝福您平安!健康!

## 三、新聞系全體同學致詞

劉建鷗（新聞系）

　　感謝家寶與樹雲懷抱著悲傷心情，親送（生命勇士）瑞娃最後旅程……感激光勳默默為瑞娃策劃莊嚴隆重的告別式……感動樹雲與繼孔為瑞娃情誼而撰文（pointing up）……

該文將於 109 年 9 月 1 日刊登在「新聞人」雜誌……

感恩洪陸訓會長率領 14 期同學們蒞臨告別式會場……

哀傷懷念著瑞牲……耑此 敬請 時安

新聞系全體同學　敬上

## 四、悼念一位勇士　梁立凱（新聞系）

音容重隔兩茫茫　不思量　自難忘
半世情誼　無處話淒涼
相顧無言　惟有淚千行

## 五、悼念王瑞牲　周貴森（新聞系）

老友，走好！
千古不易客送客　百年難說誰等誰
一曲今宵別夢寒　同喜人間走一回
去年相聚情景歷歷在目，人生本如此，奈何！

## 六、悼念王瑞牲　張代春（政一班）

瀟洒人生走一回　微笑嘴角笑容迎
文筆細膩猶在目　今生結緣常相聚
此去千古得永生　一路好走。

# 憶念會長蔡勝隆同學

何德大（體育系）

　　躺在入伍生第一連的床舖上，雖然已經九月了，但天氣還是炎熱難耐。教育班長剛走，悠然的熄燈號傳入耳膜。今天是中華民國 53 年 9 月 8 日，從這一天開始了我的軍旅生涯。寢室裡的同學一個都不認識，靜靜的寢室裡有打鼾的、有說夢話的、也有人在輕聲的哭泣；一輩子沒離開過父母，想家也是人之常情。

　　四年學生生涯，生活在一起、學習在一起；那種血濃於水的親情，超越了兄弟姊妹，但此刻回憶起來只是轉眼一瞬間的事。我們畢業了，像抓一把芝麻撒上天，本島的外島的，都從最基層的排長幹起。同學之間幾乎失去了聯繫，各自在崗位上努力奮進，二十多年，同學陸續從軍職退伍，才有機會辦理同學會。

　　最讓人懷念民國 107 年，畢業 50 週年的同學會，台北國軍英雄館人滿滿的，只聞呼朋引伴之聲不絕於耳。音樂系的同學上台引吭高歌。藝術系的同學拿出畫作，捐給大會作為抽獎禮品。一時之間讓大會掀起另一波高潮，抽到獎的同學笑得合不攏嘴。抽不到的也有安慰獎，皆大歡喜。

　　大會事前就印好了一本小冊子：「同舟共濟半世紀」，內容豐富精彩，其中有一篇：「將軍雲集篇」，文中敘述了在軍中表現傑出的同學，都晉升將級軍官之列，合計中將 4 位，

少將 18 位，同學也都與有榮焉。

今年 109 年，同學已經計畫在 9 月 8 日要舉辦本年度的大會。大會 2 年舉辦一次，平時各教授班及各系也都有辦理班系的小型聚會，會後影片都會傳輸到電腦裡，供同學觀賞。同學會大家都很樂意參加，但是歲月不饒人，同學都是 70 多歲的老人家了，生病難免，死亡更是接踵而來。7 月 18 日我們同學會前會長蔡勝隆往生了，好像一聲驚雷，讓人無法承受。蔡會長身材魁梧高大，軍旅生涯曾擔任上校師主任，退休後更展現其個人才華，今僅摘取其中幾項以為紀念：

(一)南台灣日報董事長兼發行人。

(二)國際扶輪社社長。

(三)台灣南橫農地產開發公司董事長及高雄運河左岸商旅董事長。

以上所舉可見蔡會長在社會上亦能發揮復興崗精神，平日裏擔任同學會會長時，不論任何婚喪之事，會長必定親臨致意，頗得同學讚譽。老兵不死，只是凋零；7 月 26 日 14 期同學參加了您的告別式，場面盛大隆重。蔡會長！您這一生可謂多采多姿，為國家您奉獻了青春年華，您功德圓滿，放下人生重擔，早登極樂。

# 我的繪畫生涯

邢萬齡（藝術系）

從提畫筆至今，已逾半個世紀之久，美術我付出畢生心血研究，艱辛但又充滿樂趣，現在將繪畫歷程分述如下：民國 38 年隨父母移居台灣，舉目無親，生活貧困，加上母親極度勞累下得了肺結核病，為避免被感染，父親送我進了台灣省立北投育幼院就讀小學。校中有位美術老師吳祖光是我啟蒙老師，常在繪畫上給我教導，使我更加喜好繪畫。五年級時，吳老師幫我報名參加了陽明山管理局舉辦的寫生比賽，幸運的我拿了小學組首獎，因而決定了我一生從事以繪畫為目標。

初中畢業後，父親生活改善，支持我考入台灣剛成立的復興美工高中部就讀，算正式走入美術行列。學校老師如楊英風、郭明橋、劉其偉、張杰、李德等十分優秀名師，在老師們認真指導下，無論理論、畫技都進步神速。復興美工畢業後，考入政戰學校美術系，系裡更是眾多大師級的教授，如梁又銘、梁中銘、林克恭、傅狷夫、邵幼軒、方向等名教授，在教授們認真教導下，使我素描、油畫、水彩、國畫都奠立深厚基礎。回想起來，在幹校這四年進步最多，感謝老師們對我付出的心血。

政戰學校畢業後分發部隊。隨即移防小金門調司令部政二科，負責全島文宣及美化工作，並兼任烈嶼國中全校美術

課,雖忙碌又辛苦些,但總算又重拾畫筆。這段時間美化小金門並培育出學校美術風氣,期間巧遇會長陸訓、玉珍賢伉儷返鄉探親,也協助嵩懿兄第三士校公差。

十年服役期滿,在三軍大學戰院退伍。民國 67 年,與班上景浩兄共同在中山北路開畫廊,後因經費拮据而結束營業,景浩回役當教官,我則與友人開始畫外銷畫銷往日本。期間也畫電影佈景、電視連續劇楊貴妃等電視佈景及國軍英雄館 7 樓巨幅油畫龍鳳圖(感謝嘉雄兄送龍鳳圖案參考)。畫佈景所需資料常到故宮蒐集,這段時間的艱苦磨練,影響我日後創作的基本功力。

奮鬥 10 年後重新拜傅狷夫大師習山水,拜嶺南派大師黃磊生老師習花鳥 ,畫技更加成熟。後經 13 期學長金開鑫推薦進入華視藝廊任職,從此人生邁入另一階段,和畫家們互動更密切,策展畫家在華視展出,前後辦理近 500 位畫家的展覽,收穫無法估量,加上教學相長,奠定畫壇知名度,也佔一席之地。

在華視藝廊工作 10 年後,移民到加拿大溫哥華專心教學及研究工作。由於住處有個大院子,我在院子中種了許多牡丹、芍藥等花卉,終日速寫、研究牡丹花,頗有心得。尤其將中西畫法相結合後,中國畫意境融入西洋畫中,色彩、光線、構圖等使畫更具多樣化、厚重感,創出我自己的畫風。

在溫哥華居住 20 年後,年事已高,決定回流台灣。民國 105 年接受台北上古畫廊邀請開畫展。展覽期間承蒙同學劉建鷗教授熱心的透過中央電台、漢聲電台、軍聞社、青年日報等各媒體詳盡的報導,加上祖懷會長、代春、鳳珠賢伉儷及同學們的鼓勵及捧場,因此成功的舉辦了返台後首次牡丹畫展,在此向建鷗教授及同學們致上最高的敬意與謝意!

# 吉光片羽 心靈劄記

金國樑（政三班）

復興崗 14 期同學中，論年齡我算是後段班。現也早已逾越古稀之齡。

民國 103 年入伍五十周年，同學會發起各自撰寫「小傳」，曾將分發空軍 30 餘年的軍旅生涯，與同學分享。如今，同學會又將推出期刊，承會長洪博士之命，撰文獻醜。

民國 92 年已然退離職場，不憚自己文不通順，詞不達意。謹以「吉光片羽 心靈劄記」為題，略述此期間，在「正式職場」之外的工作經驗與心得，就教於同窗諸好友。

民國 100 年某日，前民航局局長張國政來電，略以「刻正籌劃開辦民間航空學校，相關籌備計畫及員額編組，均已委請專業人員規畫完成。擬借重吾兄在民間企業，曾經主管人力資源的經驗，提供相關指導意見。」並告知在資金籌措到位之前，並無任何薪資酬勞。

張局長出身空軍戰鬥機飛行員，熱情洋溢。曾與我在空軍總部人事署兩度共事。以少將軍階轉任民航局副局長、局長後，屆齡退休，成立航空事務教育基金會。立志在國內開辦飛行學校，培育民用航空人員，發展航空事業。多年好友誠懇邀約，且言明作「義工」，自然難以推辭。在航空事務教育基金會工作期間，連午餐的便當費都是自理。實乃百分百的純「義工」。

　　我以企業經營理念，將專案小組原已規劃的飛行學校編組組織圖，大刀闊斧調整。並推動「由上級兼管下級」的組織扁平化，減少主管職類，大幅度降低人事成本。惟因飛行學校需要國際認證的師資，購置教練機，開設維修棚廠，所需資金至為龐大而回收緩慢。且潛存的危險因素，難以預估。願意投資的企業家難尋，飛行學校迄今未能如願成立。

　　張局長與我在空軍服役期間，都曾被選任「大漠任務」幹部。（我是民國 69 年第二批中校行政長「輔導長」，他是民國 72 年第五批中校中隊長。）

　　張局長於民國 104 年徵得熱心廠商贊助款項，倡議廣召歷年參與大漠任務的戰友，舉辦回娘家活動。這是大漠任務結束二十多年來，最令人感動的創舉。（爾後每年年初辦理一次）

　　「大漠任務」是民國 68 年應沙烏地阿拉伯王國之請，空軍派遣特遣中隊支援中東非邦交國北葉門，（當時南北葉門分治，南葉門親共產國家。北葉門親西方世界，但與中共有正式外交關係）擔任 F-5E（B）戰機停機線維修任務。當時此一專案至為機密。特遣隊官兵穿著沙烏地阿拉伯空軍制服，配戴沙國空軍軍階，有別於一般軍事援外作為。此一任務延續十二批，直至民國 79 年中沙斷交為止。受命主辦這一件深具革命情感道義的大團結活動，迄今內心仍激盪不已。

　　找回三、四十年前的老戰友，就是一個龐大的工程。幸經協調退輔會刊登訊息，並獲空軍司令劉震武上將鼎力協助。終於在空軍官兵活動中心，聚集了近四百位曾經參與此項機密任務的老戰友，（前幾批年長者已八九十高齡）共同緬

懷當年遠戍海外的艱辛，意義非凡。尤其是，大會前一天，第八批少校訓練官（試飛官）沈一鳴將軍，發布調任空軍司令並晉升空軍二級上將，前來擔任大漠任務，首次聯誼活動的主持長官，為這次破天荒的聚會，留下歷史深刻的記憶。遺憾的是，今年年初，沈將軍以參謀總長之尊，慰問偏遠陣地官兵時殉職。真是天妒英才啊！

　　民國 104 年 4 月，中華民國退伍軍人協會理事長高仲源將軍來電力邀，擔任他的秘書長。高將軍曾任空軍總部政戰部主任，早年也曾在空總人事署共事。因秘書長臨時去職，亟需輔佐的幕僚長，只有應允前往就職。打破了此一全國最大軍系社團秘書長，一向由兵科軍官擔任的慣例。

　　退伍軍人協會幕僚編組，視任務需要，有六至八個組室。所有工作同仁，均為不支薪的志工。協會以服務退伍袍澤為主要宗旨。各項工作推動，有賴秘書長居間協調整合。接任之初，有兩位主管已年逾八十高齡。且因前任秘書長，係無預警離職，整合工作倍極艱辛。幸賴理事長高將軍充分授權，全力支持，在近四年的任期中，完成幾項具有歷史意義的重大任務。

　　其一、104 年 8 月高仲源理事長率團前往波蘭，出席全球最大的退伍軍人組織世界退伍軍人聯合會（World Veterans Federation）（計有 96 個會員國，186 個會員組織）大會。在大會中當選亞太地區（計有 24 個國家，30 個會員組織）常務理事會主席兼任世退會副總會長。這是我國第一次擔任世界級退伍軍人社團重要的領導職務。

　　106 年 9 月本會以高將軍亞太常會主席身分，在台北市

君悅飯店召開第二十二屆亞太地區常務理事會。世退會總會長及全球各地區（含亞太地區）退伍軍人社團及代表（14 國，40 餘人）前來參加。值此外交處境極度困難，舉辦大型國際會議，有效提升國家聲譽。（註:108 年年初，現任理事長吳其樑將軍在法國巴黎的大會中，再度以出席國家全票當選亞太地區常務理事會主席兼世退會副總會長。預計今年底將在台北市，召開第二十三屆亞太地區常務理事會。）

其二、105 年蔡英文政府上台，立即違法違憲推出悖離「信賴保護原則」，所謂的軍公教「年金改革」。本會係全國最大軍系社團，推薦當時的副理事長吳其樑將軍納編「年金改革委員會」。事後方才知道，他是三十多位委員中，惟一的退伍軍人代表。爾後吳將軍率同吳斯懷、葉宜生（吳將軍選定的代理人）孤軍在年改會中折衝，力戰群魔。後因應情勢需要，另行成立「八百壯士護憲維權指揮部」，整合各班期袍澤，在立法院埋鍋造飯四百餘天，櫛風沐雨與蔡政府展開長期抗爭。終於迫使蔡政府及立法院退讓。我全體退伍袍澤合法權益受到的損害，減至最低。

107 年 7 月，高仲源理事長任期屆滿，經會員大會選出吳其樑將軍接任理事長。因階段性任務完成，請辭秘書長職務。承蒙吳理事長力邀擔任副理事長，再一次打破了退伍軍人協會從未有政戰軍官擔任副理事長的先例。

綜合以上所述，國樑退休後，在正式職場之外，因緣際會，曾經到性質不同的基金會與社團，以不支薪「志工」的身分，繼續為國家、為退伍袍澤貢獻自己一份棉薄的力量，內心深感欣慰。

# 我的職業生涯

金夢石（政三班）

　　活到了七十幾歲，才體會人生際遇老天老早就安排好了，強求不得。我原以為進了軍校，軍旅生涯是我一生奮鬥的事業，但命運使然，我追求的「事業」卻成了「職業」，完全出乎我意料之外。前些日子，會長洪陸訓同學吩咐，要我在同學會訊上，介紹一下我的工作，遵從會長指示，把我職業生涯做一個介紹。

　　十八歲進入「政工幹部學校」入伍，經過四年政戰幹部洗禮，而畢業後的軍旅生涯除了擔任連幹事、連營輔導長外，在軍政交流的政策下，擔任的排、連、營長都是軍事幹部職務，而且都是負責捍衛領導中心的單位，尤其擔任過總統府憲兵營長，認為是軍旅生涯中最感光榮的職務。另外擔任過團管區司令、師管區副司令和國家安全局的科長、警備總部保安處的組長、副處長、處長、副參謀長等情報治安單位，這些也均非政戰職務，然而在學校學習了四年的六大戰法居然也能派上用場，帶兵練兵不輸科班，執行情治工作，也屢破大案。就記憶所及，諸如中央銀行遭詐騙、剿滅黑星手槍、發動掃黑行動、中菲斷航復航、機場港口快速通關等，都對國家安全及社會做出貢獻。原本可繼續發展，惟因個性使然，在擔任師管區副司令時因與總部長官意見不合，且當著部下的面遭受屈辱，基於恪守當一個軍人的「格」（孰可忍，孰不

可忍），當晚報退，雖經司令多方慰留，但第二天還是遞出退伍報告，當天就不上班，脫掉軍服，另走自己的路，時年四十八歲。

離開軍旅步入人生另一個旅程，期間擔任過水泥公司副總經理，生技公司總經理，值得一提是擔任中華民國國術總會秘書長，三年中規劃「振興國術十年計畫」，獲得行政院體育委員會支持，每年支援三千萬經費，除了舉辦各項國內、外比賽，提高國術素質，並至海外會員國表演，宣揚國威。1999 年亞運會國術競技項目，除了獲得中華民國第一面國術金牌（太極拳），其他項目也獲得三面銀牌和十二面銅牌，成績輝煌，空前絕後。人生際遇天注定，在一個因緣際會下，又離開了中華民國國術總會，到「財團法人醒心宮」擔任總幹事（意外吧，當廟祝），除修道外並整理道觀、為道友服務，服務的兩年後又在一個因緣際會下，離開醒心宮，擔任「中華民國團結自強協會」秘書長職務，這個工作非常契合我的性向，就職後投入個人心力，讓協會對國家、對社會發揮最大功能。以下我特別介紹「堅強的意志發自團結、持恆的奮鬥源於自強」的中華民國團結自強協會。

協會緣自民國 68 年 1 月 1 日中美斷交，國家遭受重大衝擊，引起海內外群情激憤，當時文化學術界領袖閻振興、端木愷、羅光、蔣彥士、郭為藩、李煥、歐陽勛、潘振球、張明哲、黃君璧、趙筱梅、鄧昌國、郎靜山、李崇道、沈君山；工商企業界領袖陳寶川、王永慶、蔡萬春、徐有庠、陳啟清、許金德、吳舜文、陳茂榜、林挺生、辜振甫、汪竹一、吳火獅、黃烈火、鮑朝澧、陶子厚、林正嘉、張敏鈺、苗育秀、

王茲華、徐亨、蔡鴻文；新聞傳播界領袖潘煥坤、馬星野、王惕吾、余紀忠、吳三連、蔣孝武、吳寶華、石永貴、尹雪曼、丁維棟；宗教界領袖白聖、趙家焯、蕭永泰、陳溪圳等數十人一致表示要奮起團結自強，以具體行動支援政府救亡圖存。發起組織「中華民國團結自強協會」，協調有關單位共同在海內外推動團結自強運動。民國69年12月12日在台北市中山堂光復廳正式成立，同年12月18日召開第一屆第一次理監事聯席會議，選舉馳譽國際之法學家端木愷博士為第一任理事長，申請設立社團法人，並經內政部於70年1月核准立案。以推進全國各界團結自強運動；提振愛國精神；擴大團結海外僑胞；協助政府導正社會風氣；以及推行民主憲政建設為宗旨。四十年來，在第一屆理事長：端木愷，第二屆理事長：吳三連，第三、四屆理事長：陳寶川，第五屆理事長：章孝慈（因代表本會赴北京開會中風辭世），第五屆補選及第六屆理事長：白萬祥，第七屆理事長：張京育，第八、九屆理事長：高銘輝，第十、十一屆理事長：汪元仁，以及第十二屆及現任理事長：翟宗泉等的卓越領導，並在歷任秘書長：陳寶川、沈君山、鍾榮吉、李慶華、吳水雲、劉志同、伊竑、楊日青、葛永光、潘維綱、陳光燦等輔佐，為國家、社會貢獻良多。諸如舉辦元旦升旗典禮，匯集愛國力量；倡導梅花餐，杜絕奢侈浪費風氣；提倡家戶懸掛國旗，表現愛國精神；舉辦各種研習、座談，出刊專輯，導正社會風氣等。

　　今年適逢創會四十週年，本會將一本初衷，推展全國性團結自強活動，並加強會員服務，凝結會員向心。惟社會情勢發展，日趨多元，社會問題錯綜複雜，國家需要更團結，

社會需要更和諧，本會同仁秉持忠愛國家的情操與關懷社會
的信念，以及因應世局暨社會之所需，與民眾的呼聲，主動
積極加強推動全民團結自強運動，結合社會各界人士鼎力支
持指導，以底於成。

# 永懷摯友

吳信義（政二班）

在復興崗與勝隆兄同隊同班四年，彼此相知相惜，畢業五十幾年如是，每次見面他總是拉著我的手，細說不完心裡話，的確如他所說，很談得來。他榮任 14 期第七屆會長期間，與同學互動熱絡，南北奔跑，出錢又出力，兩年任期辦了許多活動，博得同學讚譽肯定，並榮獲復興崗校友會推荐傑出校友，年前榮任高雄市復興崗校友會理事長，將歷屆校友，不分班別齊聚千人，凝聚復興崗校友力量，辦理許多活動，有聲有色，博得喝采。

昨天在 14 期群組得知他住院，有意南下探視，同學告知已轉入安寧病房，探視不便，即刻連絡浩瑩老弟，就近瞭解，卻傳來不幸消息，15：35 往生，即刻電告洪會長。

昨晚幾次醒來，腦海浮現勝隆兄的種種，輾側難眠，真不相信他已往生，一時難於言表。特引述兩位同學（賴宏偉、談鴻保）感言分享。

## 一、致勝隆兄　　賴宏偉（政一班）

半年前，已坐七望八高齡，在事業、在社團、在校友會，猶生龍活虎、意氣風發、領導群倫的您，竟在進入庚子年後，

健康突亮起紅燈，雖經診治，仍難挽回，世曆七月十八日下午3點35分，您捨報往生了！

勝隆兄，我與您不同班、不同軍種，本來不熟，只因同住高雄，及因為一起擔任同學會第七屆服務幹部與校友會理事，而得以接近，進而相知相惜。

勝隆兄，您忠黨愛國，愛家愛人，熱心公益，有大氣，無論在軍旅、在事業上，或在社團、在校友會（同學會），皆有作為，並有口碑，堪稱我期同學之光。但是也因為您不輕言退休，一直忙事業、忙社團（含校友會）、忙公益，長期勞心勞力，疏於健康照護，終至倒下，殊感遺憾！

勝隆兄，憶同學會第七屆服務幹部，不過五年間，先有孔小琪、廖志明、林幸雄夥伴，驟然仙逝，而今您徒留「清風笑，竟惹寂寥，豪情還剩了一襟晚照！」（蒼海一聲笑歌詞）怎不令我感到惋惜與傷悲！

勝隆兄，人壽幾何，無人能料，您不及耄耋，也無緣與夫人共老，是家人的痛，但是您在世，已為家人、社會、國家盡形壽，造福家邦，利益群生，足為垂範！令人感佩！

勝隆兄，熄燈號響起，您只是先入夢鄉，您安息吧！

宏偉敬悼

## 二、致勝隆兄　　　談鴻保（政二班）

"大悲無言"…~"大慟無淚"！~

"無懼無憂"…~"縱身大化"！~

"化羽成仙"…~"駕鶴歸去" ！~

"西方極樂"…~"位列仙班" ！~

"從今爾後"…~"天上人間" ！~

"思慕之人"…~"夢中相會" ！ ~

"兄弟情深"…~"萬般無奈" ！~

"此情此景"…~"撕心裂肺" ！~

"知音難覓"…~"知己難尋" ！~

"天涯何處"…~"知我者誰" ！~

"台北車站"…~"空等祈盼" ！~

"只求一面"…~"淚語先流" ！~

"緊握雙手"…~"相知相惜" ！~

"在天之靈"…~"長相左右" ！~

"若有指示"…~"隨夢入境" ！~

"一如平常"…~"遵照辦理" ！~

"言雖有止"…~"意無窮盡" ！~

"受惠難報"…~"感恩載德" ！~

"夫人保重"…~"健康第一" ！~

"再創新猷"…~"方得始終" ！

（2020.07.19 晨感言）

　　緬懷追思。好同學走完人生旅程，祝福他往生「極樂世界」。今天上午來自北、中、南、花東等地區同學及復興　崗校友會學長、學弟前來參加追思悼念者，絡繹不絕，我們惋惜失去一位好友，至感哀傷。

　　仍在職場上打拚的勝隆同學，上校軍職退而不休，早期

辦理「南台灣日報」擔任董事長兼發行人，又開辦地產開發與建設公司，事業發展有成，大家有目共睹。曾榮膺政戰學院傑出校友，去年成立「高雄市復興崗校友會」，籌辦高雄市校友會千人年度大會，團結校友向心，為國軍各軍事校友會組織發展模範。

　　今 109 年 7 月 26 日上午我們參加追思公祭，同學與祭多者達四十餘位，勝隆兄在同學中的人緣很好，我們相識幾近一甲子，惋惜失去一位好同學。他四年前擔任復興崗 14 期第七屆同學會長，兩年期間出錢出力，為同學會舉辦多項活動，樹立典範，博得同學熱烈支持肯定與掌聲，至今仍令人懷念，特此為文緬懷。

吳信義 2020.07.26

# 值得回憶之往事

高祖懷（政二班）

　　新春伊始，正值新冠肺炎疫情肆虐全球之際，接獲會長來電熱忱邀稿。陸訓兄為余推薦接任會長，平日熱心為同學服務，理應全力支持不宜謝絕。遂將在軍旅生涯中值得回憶之生活點滴彙整成文，以資紀念。

## 一、光榮駐守大膽

　　民國58年3月於步校結訓後奉調為金門大膽島港口排少尉排長。大膽島距離大陸僅有4400公尺，為扼守廈門港之咽喉，戰略地位極為重要。該島除了二位女青隊員擔任對大陸心戰廣播外均無老百姓居住。每隔15天由小金門運補信件、報紙及青菜米糧等物。三餐均以麵條、罐頭果腹，吃住均在以臘燭照明的碉堡內，過著艱困的日子。白天構築工事加強戰備，晚上則持衝鋒槍值勤，尤其在月黑風高的夜晚，擔心水鬼上岸摸哨而提心吊膽。如此渡過七個多月膽顫心驚的日子，始帶領全排弟兄安全的移防至小金門。回憶余初任少尉排長即擔此重任，終身引以為傲。

## 二、重振陸軍軍威

　　民國60年余當選政戰楷模，次年即奉調回母校，於輪調部隊任營輔導長後，母校原欲徵調返校服務。恰逢陸軍總部

楊浩兄掌管保防人事，以余曾在幹校掌理專科班教育為由，推薦至陸總接管保防教育業務。當時每年4月為保防教育月，各軍種競爭甚為激烈，陸軍則多年未曾獲獎，余接任此項業務深感責任重大。除要督促總部各署處推行保防教育外，亦須撰寫保防警語供總部電台每日播報，另須研製保防單元劇供電視教學使用。每週親擬考題送陸軍印製廠全程監印，密封考卷分配參謀至各軍團督考，試卷回收後即親自閱卷。每週一上午以最速件發佈督考成績，要求各級主官親閱。後經國防部綜合督考陸軍終獲第一名，全軍官兵辛勤努力得以回報而興奮莫名。此期間余絞盡腦汁全力以赴，夜夜加班至深夜，一個多月未曾返家。另以往每月公布督考成績，因保防教育月僅一個月難收實效，余改為每週公布督考成績則收警惕及激勵之功。

## 三、興建休憩場所

民國74年擔任澎湖168師主任未及一年復調往金門127師主任，剛報到時目睹官兵在餐廳旁邊狹小空間吃冰甚感驚訝。經詢問後得知駐防小金門部隊循例將調往大金門整訓後返台，故無意願興建永久型的休憩場所。經師長同意借用公款20萬元購買各項物品，由工兵協建二層樓房乙棟，分隔成理髮室、撞球間、冷飲及熱飲等場所。落成之日張燈結綵，舞獅隊助興，師長張將軍剪彩，官兵均熱情捧場，次月即還清借款，並解決官兵盼望多年的休憩場所。

# 四、改善生活設施

　　余任 127 師主任時近中秋佳節，某日發現庫房中有一大型烤箱仍堪使用，即調派具有麵包製作經驗士兵多人，製作月餅供官兵食用。致節餘經費約八萬元，經派員至高雄購買堪用之小發財車四輛，由師部保養廠整修後賦予車牌 127 之一至 127 之四。早晨送麵包至全師各單位，回程收取換洗衣服，同時師部電影院亦排表輪由附近單位集體觀賞（麵包、換洗衣物及電影票價均較市售便宜十元，各單位留用十元福利金方式經營）。每月底由副師長艾將軍主持福利委員會並將結果簽報師長核閱。每月師部會報時列表統計各單位參與人數及獎金數額，由師長丁將軍親自頒發。師部每月福利金由 6 萬元增至 39 萬餘元，全數用於官兵福利。因防區交通不便，且娛樂場所甚少，故師部每週均舉辦各種球類比賽，參加與優勝單位均頒獎助興。此項活動因激勵團隊士氣及辦理休閒活動，獲得官兵一致好評。

# 五、解決地區疑難

　　民國 78 年余調任馬防部主任並兼地區政委會秘書長。因為馬祖地區集會活動均在介壽堂舉行，該處亦兼營地區電影院，然因地面磨石子使用過久而磨損，且防區霧氣較重，官兵及民眾多人常滑倒而異常狼狽。且部分木質座椅亦損壞不能使用，余乃決定將座椅全部拆除，鋪設水泥地解決濕滑問

題。並派員至台灣本島購得電影院汰換而堪用之沙發座椅500張全部更換，電影螢幕亦同時換新，並且全面粉刷牆壁，使介壽堂耳目一新，官兵及民眾均額手稱慶。

馬祖地處偏遠，交通不便且娛樂場所甚少，致有文工隊產生，男隊員由部隊官兵中挑選充任，女隊員則調佔縣政府各單位職缺。某日發現女隊員戶籍多在台灣，均住宿在戲院二樓之閣樓上，該處約為三坪大之斜角，隊員均打地舖，亦無欄桿等安全設施，且靠竹梯上下極為不便。遂在戲院左側由工兵協建 RC 宿舍乙棟，分隔成交誼室、寢室及盥洗室，解決女隊員居住問題。

文工隊每週莒光日均輪流至各單位施教，上午收看電視教學，中午部隊加菜聚餐，下午則採小型康樂、有獎徵答與部隊歡樂在一起，極受官兵歡迎。其間文工隊亦曾獲馬祖旅台同鄉會邀請至台灣本島各地及營區巡迴公演，充分發揮社教功能。

# 六、制定選拔機制

民國 80 年余就任國防部處長，感念保防同仁竭盡心力但因久任一職，且無營輔導長或旅處長經歷，致升遷評比均較落後而無法晉升。經多方協調相關單位並制定績優保防幹部選拔機制，要求各軍種擇優呈報保防幹部卅名，集中國防部表揚。並請副主任呂中將主持座談及餐會，每人頒發國防部獎狀乙紙（可抵三個大功），從此保防幹部得以優先晉升，貢獻所學報效國家，余對此甚感欣慰。

# 七、照顧基層官兵

民國 82 年余任十軍團主任，某假日司令郭中將來電要余至其辦公室，見一長者及一少年在坐甚感納悶，後得知該少年為賴 xx、家住台中市，前為馬祖政二科新聞兵，科長令其撰報主任巡視地區新聞及照片供馬祖日報刊登。因地區交通極為不便，致其經常遲到或漏接而遭受責罰，余獲知上情即交待乘余座車隨車採訪。賴兵自認對其甚為照顧而心存感激，退伍後四年來遍尋余之下落，後聞知余在軍團服務，乃和其父聯袂拜訪。二十餘年來每逢佳節必和其夫人攜帶土產拜望。記得當年高鐵尚未開通，某日攜帶其母親親手製作的四十顆粽子，由台中來回乘坐民航機、計程車送至寒舍，當余手捧著這四十顆熱騰騰的粽子而感動莫名，無法言喻。目前彼此已經成為來往密切的好友。

# 八、宏玻知恩圖報

余曾承辦小學同學旅遊，先在台北英雄館席開三桌接待海外返國及在台同學三十餘人，大家歡聚一堂其樂融融。次日包了一部遊覽車由台北、宜蘭、花蓮、台東、綠島、墾丁遊玩各名勝景點，復由高雄搭乘民航機至金門旅遊，全程十天大家玩的非常盡興。記得到金門宏玻陶瓷廠參觀由顏董事長親自接待，並宣稱所有商品全部半價優惠，同學們大肆採購滿載而歸。宏玻陶瓷廠為金門戰地第一家民營工廠，得此

恩寵因75年余任127師主任辦理三民主義講習班時曾向其訂購 500 個馬克杯作為獎品，當時正值經濟低迷營運困難之際，余雪中送炭行為引發其報答恩情。

## 九、生活點滴結語

余服務軍旅三十餘年，歷經國防部三次，陸軍總部四次，駐防金門二次，澎湖二次，馬祖一次，足跡遍及本外島各地。余一向秉持（誠懇待人、實在做事）及（跟著長官走，雖用盡全力難收實效。帶著長官走，則得心應手易收全功）作為待人處世最高原則。所以凡事必須主動積極，動頭腦、想方法、爭績效、爭第一。例如：陸軍總部辦理三民主義講習班比賽，十軍團下轄十一個師級單位列入評比。余親自督導最優單位辦理示範，各單位派員觀摩，復經參謀檢查最差單位再作一次示範，大家提供檢討意見。後經陸軍總部評比本軍團囊括前幾名即為一例。另於127師主任時親自策劃於國軍政戰工作檢討會中示範演出（政戰工作作法）舞台劇，獲得佳評如潮殊榮。感謝各級長官提攜之恩及各位同仁通力合作，始有今日些許成就。

自今而後但願各位好友深記（長相憶、勤聯絡、保健康、報平安）之信念，願與大家共勉之。

# 我的前半生

張宗鑑 (影劇系)

## 一、前　言

　　陸訓會長為留下兩年來，同學們「雪泥鴻爪」，在克服萬難下，擬定編輯「會訊」，至囑邀稿，內容不拘，思之良久，遂將我平生悲歡歲月，摘錄寫下〈我的前半生〉以為緬懷憶舊。

## 二、我的人生經歷

　　出生軍人世家，童年隨父母工作環境而遷徙於基隆、台中、宜蘭、高雄、台南，到處看著生活在困苦中的人們，因而一心只想長大後能為富民強國、社會安康、群眾幸福有所貢獻。

　　1964年投筆從戎，考入政戰學校大學部影劇系，1968年畢業分發服務，數年後投身致力軍訓教育工作，先後在北一女中、軍訓室、金甌女中、中華科技大學任教；與青年學子朝夕相處，為扶植國家未來主人翁而貢獻心力。

　　當年所教導的北一女中學生，現在均是社會中流砥柱，在國家各個行業領域執牛耳；而在金甌女中擔任主任教官時，曾榮獲台北市高級中等學校「軍訓教育績優獎」；在中

華科技大學任教期間，軍訓教官室，有11位教官，女教官只有我一人，結果我在「如履薄冰」的心情下，接下「代理總教官」一職，所幸男同事都非常支持我、鼓勵我；大大小小的學生事件，全體男教官都能同心協力解決，得以工作游刃有餘、績效卓著，在此特別懷念當時的教官同仁。

期間參加國防管理學院人力行政企管班受訓，以第一名畢業，榮獲國防部頒發獎狀；也曾參加教育行政高考及格。1992年以女性軍官限齡從軍中退伍，為了不讓退休後的歲月在平凡中虛度，先後到文化大學中文系；淡江大學社會系、資訊系；政治大學中研所進修結業；再到政治大學教育系教育學分班結業，取得中等學校國文及社會科教師合格任用資格。然後在志仁家商擔任社會科專任教師兼訓育組長；繼而轉任南華高中國文科專任教師兼圖書館主任，深得學校教職員同仁及學生之讚許與愛戴。

## 三、著作發表

2002年參加全國教師徵文比賽，以「知識經濟與教育發展」一文，榮獲全國高職教師組第一名，在網路上常被學者及碩、博士生，在研究教育發展論文上廣泛引用。

## 四、榮獲「幸福家庭代表」、「模範父親」、 「模範母親」之殊榮

數十年來，最值得驕傲的，就是與從事海洋事業的李宗賜君結婚，夫君在我心目中是「亦師、亦父、亦友、亦丈夫」，

他就像老師一樣的教導我；像父親一樣的疼愛我；像朋友一樣的尊重我；結論卻是一個完美無缺的好丈夫，我們互助互濟；互勉互勵，過著是夫婦也是朋友的生活，和樂融融，幸福美滿，感恩夫君給我一個溫暖安逸的家，給我一群優秀的兒孫；夫君是家中穩固的支柱，衷心感謝夫君為我所做的一切。我們育有兩女一男，都能勤奮向上，學有所精；榮獲碩、博士學位；投身職場後，各在工作領域中表現優良。因之在2009年被選為台北市松山區幸福家庭代表。

　　夫君少壯之年，投身海軍，報效國家；中年以後，從事國際航運；披星戴月，浪跡天涯。其畢業於海軍官校、海軍指揮參謀大學、戰爭學院；暨美國、英國、法國海事專業訓練卒業；經歷海軍艦隊輪機官、航海官、槍砲官、副長、艦長、戰隊長；海軍官校中隊長、海軍總部計畫署主官、閩海支隊及中美同盟作戰中心情報官、美國泛大西洋航運公司及英國美孚航運公司船長……、曾獲頒「優良船長」獎；海洋事業結束後，就在淡江大學航海系任教，將畢生的海洋實務和知識經驗，傳授給下一代，以達薪火相傳、為國舉才之宏願。2018年獲頒「模範父親獎」，我亦追隨夫君的腳步，在2019年獲頒「模範母親獎」。

## 五、我的人生哲學觀

　　綜觀一生，在樂觀進取，自強不息中渡過，童年享受著父母的呵護，求學期間參加了合唱、舞蹈……社團活動，豐富了生命空間、活絡了人生際遇，進入社會後，因處世明快

負責，樂於助人，贏得各級長官和同仁的愛戴。加上夫君能及時予以無盡的支持和策勉，一生事業，得心應手、揮灑自如。閒暇之時，常閱讀書刊雜誌，以增廣見識，並輔以遊山玩水，保持心曠神怡，悠然自得之樂趣。

## 六、結　語

我常說：宇宙時空浩瀚無窮，個人生命渺小短暫；生命價值不在軀體的存滅，生活目標不侷促在已知領域；人的一生，必需要始終如一積極進取，勇往直前，不被時代所遺忘。因此在退休後，仍到文化大學、淡江大學和政治大學進修，一方面充實自己，並藉以推廣「終身學習」為職志，同時繼續投身教育工作，保持與青年學子互動。公餘之暇，還到醫院擔任志工工作；以期能追隨時代的脈動前進，而不被時代的洪流所湮滅。

## 七、附　記

我們在青澀歲月，憑藉著一股豪情壯志，投身軍旅，匆匆崗上四載同窗情，畢業後手執分發命令，在各個崗位努力奉獻，忽悠已過半個世紀。如今再見，均屆「耄耋之年」，所幸各個都身體健康、精神抖擻、談笑風生……；在此，深深祝福大家：健康快樂，我們相期喜願：「共享茶壽之樂」，更祈盼各位好同學：莫相忘、常相聚。吾願足矣！

宗鑑寫於2020年第9屆服務團隊任期屆滿前夕

# 刻骨的銘記與理念

陸安民（政四班）

　　因為我進入了政工幹校，走出復興崗大門，指引了我宏觀的人生格局，明示了我璀璨的人生道路，所以我感恩，我銘記。

　　諾貝爾文學獎得主馬爾克斯在《百年孤獨》一書中曾提到：「生命中真正重要的不是您遭遇了什麼事，而是您記住了那些事，又是如何銘記的。」

　　是的，我們每個人的一生都會遇到很多很多的事，但是真正能夠銘記的，確實不多，尤其當我們已經步入高齡之際，我們還能牢記在心的事，委實也是有限。

　　就我個人而言，一生中能最銘記的，且又能略為落筆的事，就是我投入了我們政工幹校的洪爐裡，讓我一輩子註定要加入為國為民的行列，而有幸能為國家服務是何等榮耀。

　　在人才濟濟的同學中，我並不是出類拔萃者，但我深感與同學們都一樣，同心同德、忠誠為國。一生中所經歷的每個職責階段，均能克守本份，緊緊守護著母校的校訓，迄今不變。

　　當然，同學們走出復興崗大門，各自奮鬥努力，必定擁有各自的一片天。對事情的見解看法必然不一，唯獨學校師長、前輩、領袖，對我們的期許訓勉，我們皆謹記在心。但眼見今日國家、社會的局勢、處境、目標，似乎均與我們當

初在學校所受的教育完全質變不一樣了，誠感無奈至極。

## 諸君不見乎：

- 倫理、道德、公平、正義、傳統、文化淪喪了。
- 反共復國的理念境界沉沒了。
- 三民主義至高的中心思想不見了。
- 中華民國立國精神、歷史地位不保了。
- 自由、民主、法治、新聞媒體、政府部門……皆已淪為政治階下囚。
- 選賢與能已成為竊國者華麗的詐詞。
- 整個國家、社會各階層，逢迎諂媚政客，比比皆是。

我是中國人，我期望國家早日有所定位，所以我一向主張兩岸中國實現和平統一，統一在符合全體中國人的政治制度，讓所有中國人民都能過著安居樂業、幸福美滿的生活。

於是我思：

1. 有些政黨為了奪取政權，昧著良心翻轉史觀，愚弄選民，例如，把一位民族偉人蔣中正先生，誣陷為殺人魔，又有多少人覺醒或高舉正義旗幟，起而消滅之。
2. 一個開國又領導中華民國，撤退到台灣來的中國國民黨，竟然懦弱到如此地步，叫人感慨萬千。但願能早日出現英明領袖，負起中興重任，喚起全民，救黨救國救民。
3. 以目前這種局勢，我中華民國，外有中國大陸的崛起，內有反對黨的否定與追殺，因此，中華民國遲早要被

消滅，有識之士能不警惕乎？

4.有血性良知的知識精英，有責任立刻組織國家統一協
　商會，拋棄主觀立場，不再堅持成見，一國幾制都可
　行，先求立足生存，再求發展壯大，否則黨國存亡堪
　憂。時局如斯，吾等無力挽大局，又不能不茍活於現
　實之中，或許這就是所謂的生命！

# 我的體育生涯與進修歷程

曾玉麟（體育系）

## 一、拳擊之路

在民國 57 年體育系（教育學士）畢業後，分派 17 師當排長，剛好與張瑞華同學同一營。當時以專長體育，支援步校體幹班。體育課程有單、雙槓，手球，棒壘球等等。後來分派陸軍官校體育組，上拳擊課，兼任拳擊隊教練六年。之後分派龍潭陸總部陸軍棒球隊經理一職，全權負責球員起居、平時之集訓、比賽事宜。

十年後軍中退役，以體育專業，甄試國中體育教師，分派桃園縣觀音國中任教（67-69 年）。後再到桃園縣平鎮市的平南國中任教（69-70 年）。此時考上國防特考（乙等，教育行政），也在師大補修 40 個教育學分，已具體育教師資格，暨獲教育行政高考資格。

民國 70 年，區運在桃園舉辦時，適逢葉國光代理許信良縣長。以教師具高考資格從教職轉業公務員（桃園縣教育局體育保健課五職等課員），協辦 70 年桃園縣承辦之 70 年台灣區運動會。

民國 72 年，參加教育廳主辦之「督學，課長甄試」僥倖錄取。受經國總統派令擔任桃園縣教育局七職等體健課長六年（全國體健課長，體育系高考及格不多，只有一名，體育

系畢業，是專業課長），當時桃園縣長徐鴻志（曾經是老桃園省運籃球代表）。到民國 79 年調任新竹縣山地鄉，初聘柯文明（原住民）為代課體育教師，負責教原住民打拳 （柯目前是國家級奧運 Boxing 教練）回憶 30 年前調職離開五峰國中時，初聘為代課體育教師，負責教原住民打拳。

由於最近看到聯合報（109 年 3 月 12 日）刊載有關在約旦安曼舉行 2020 東京奧運亞太區拳擊資格賽，我國兩位女選手獲勝，兩張東京奧運門票到手。讓我有感而發想到：當初聘任柯當拳擊教練的因緣。在山地國中任職二年後，調任新竹縣的鄉村學校橫山國中，當時自己還是在發展 BOXING，是校長兼拳擊教練。

還記得有一日我與橫中老師在五峰鄉飯店聚餐，吃到一半時，接到訊息說，橫中有一位拳擊選手被五峰選手打敗，選手腦震盪。那時教練為柯文明。當時心中火大，坐車的學生快到橫山時全部下車，然後跑步返校。

81 年在新竹縣橫山國中任新職時，發現校門邊的百尺圍牆，空白沒有塗鴉，感覺沒意義。想到在牆上畫上體育動作的圖案，只好找藝術系的王蜀禧，葛勝利同學幫忙。82 年金夢石同學也曾來校公幹。

回想當年考軍校時，自己因體重 53 公斤，以術科拳擊考進體育系。大一時被選上校隊，參加大專盃拳擊賽。後來降二公斤參加輕丁級集訓（51 公斤以下為輕丁級）。真巧與 11 期馮學長撞級（體重相當），吃了一公斤，改打輕丙級（54 到 57 公斤為輕丙級），大專賽得亞軍。之後，就靠這張專長獎狀，佔 9 期吳學長（他轉業國中老師）任陸軍官校拳擊教

練職缺，那時常遇見黃南東中將同學，當時他在官校當隊職官，是一種機緣。

民國 67 年服役滿 10 年後退伍，在桃園縣觀音國中任職時，巧遇江潤滋同學（入伍時第二連，他口齒清晰）。當時任職於忠愛莊心戰隊；日前同學聚會時當司儀，在彭園喜宴場，有幸遇見他的小舅子楊光新先生。楊是陸軍官校 45 期拳擊選手，重量級，體重 81 公斤以上（也是隊長）。而楊的外公是青幫長老。江夫人落落大方，是有功夫的。

我們同學中郭年昆中將，新聞系何宇綺同學均是拳擊校隊。黃光勳中將因是張梅萍高中同學關係，也常跟我們在一起練拳，也曾在中正堂參加比賽。春節團拜時相見，身子還很壯碩。陸軍官校 41 期吳達澎上將（副參謀總長）還是中甲級 79 公斤選手。陸軍官校 44 期林展南選上奧運拳擊中甲級國手。

## 二、棒球之路

我讀到大三時深思覺得：術科專長越多越好。有一日到圖書館，看到 13 學長陳泰一，腳法細膩，於是退出拳擊隊想改踢足球。後來才知左腳不會踢。失望之餘，在玩壘球時玩出興趣後，就加入林博同學的團隊打棒球。

有趣的是，當時軍樂班的邱復生也混到正期班棒球隊來。同學王耀堂補手讓他蹲，改當投手。當時他常叫邱復生跑腿買香烟。到李登輝當總統的時代，邱變成影視大亨，是年代公司的董事長，他還籌組一支年代職棒。當時赫赫有名

的那位戴寬邊帽的金曲小姐洪小喬還嫁給他。當年王耀堂補手讓給邱復生時，此軍樂班小弟還是我們的公差呢。如今想起真是時勢造英雄呢！

民國64年時我離開陸軍官校，接王耀堂的陸總部陸光棒球隊的經理職，由龍潭特戰學校代訓，才知全國精英組成球隊會輸給他們母隊，台電、合作金庫、北體、可口奶茲，原來是棒球放水。而打假球是有學問的。如一壘安打，等球落地，由身體擋接就好；偏偏要撲接，演出漏接；起來追到球，傳出三壘，傳歪。就是一壘變界內全壘打。連球隊投，補，教練暗號，也外漏，原來退伍後要回原雇主那邊上班。改名陸友隊打壘球也輸，火大。罰全員去跳傘複訓時，我也只跳一次；他們都跳五次。後來放話：假如全國選拔賽再放水，小閣頭特戰山訓完，解散回部隊，棒球隊員變三年特種部隊。人不自私，天誅地滅。果然全國國手選拔賽冠軍。經理、教練就是中華成棒正選。

擔任桃園縣體健課長時，承辦全國原住民運動會，遇見11期高文傳學長，也是母校棒球隊員。退伍後，選上苗栗泰安鄉鄉長。我請教他鄉長好當嗎？他說不好當，不想連任。政二教授班林熺城同學是我的貴人，她姊夫朱樟興議員（朱立倫的父親）當時照顧很多。熺城外甥朱立倫當桃園縣長時，因林同學關係，更加關照。

# 三、攻讀碩士學位

我因拜讀洪陸訓同學的著作《軍事政治學》時。激發我

效法他的苦讀精神，才考上師範大學校行政碩士班。其中在修教育社會學課程時，還是苦讀洪的大作《軍事社會學》當輔助教材。寫完碩士論文時才知洪陸訓已修完博士學位。

　　我因曾在完全中學任職五年，深知國、高中部學生、老師理念不一，不免產生衝突。才引起提筆寫下百頁碩士班論文的動機。所訂論文題目就是〈完全中學校務運作，衝突解決策略之研究──以桃園縣為例〉。由於在讀碩士班時，因有實際完全中學校長歷練，讀了六年勉強畢業。聽說目前師大博士班較好考入，但想到要寫論文我就退怯。日前與 15 期李東明博士賴（line），佩服他在美國異鄉求學時之辛苦與毅力。

# 平凡人生增彩繪

## 用手中的筆，畫出彩色退休生活

黃福臻 (政四班)

　　從高中開始念軍校，一路下來，不求榮華富貴，30 幾載一眨眼就過去，退休後，生活頓時失去重心，想起自幼時，對於美工勞作的事物很感興趣，但卻無法持續發展，很是後悔，轉念一想，這世界上能夠真正做到自己喜歡工作的人也是少數，何不趁此機會好好利用退休時間完成未竟的夢想呢。

　　這個轉念的想法，讓我開始從社區大學等多元管道接觸國畫，從一開始的臨摹，到後來可以自由揮灑色彩，我畫山水、畫花鳥，畫蟲魚走獸，也畫出我自己的退休人生。

　　太太總說我書法寫的難看，我就練習寫字，兒子女兒時不時跟我邀畫佈置家中擺設，我也樂在其中，同學聚會時，總笑稱我「黃大師」。其實，「大師」不敢說，只是退休生活，有人種田、有人旅遊、有人當志工，我選擇了一條年輕時無法走的路，也算完成了夢想。

# 人在常相聚

董樹雲（新聞系）

　　新聞系之前每年都相聚，因為大多數同學都住在台北，人數只有 20 多人，相聚較政治系容易，都退休了，更容易聚會。

　　在同學屆齡七十歲前，張家寶同學提議為班上每位同學過七十大壽。第一次由張家寶主辦，在內湖白石湖郊遊後，午宴時同學們為：張家寶、蔡享民、張鍾懋三位同學慶生，三位壽星回贈當地名產給同學們。

　　之後，今年的壽星為下一位過七十大壽的壽星籌備壽宴、準備蛋糕。壽星用精心準備的精緻伴手禮回贈參加祝賀壽宴的同學們。攝影專家梁立凱伉儷、黃光勳為同學們拍攝照片、和壽星合影的團體紀念照，皆職業水準。光勳打字在合照的照片上加上（XX 同學七十大壽壽宴〇年〇月〇日），並自費放大、沖洗，贈送參加壽宴同學每人一張作紀念。

　　壽宴都訂可坐十多人的大圓桌，便於交談，也象徵圓滿、團結。有定居外國的同學從海外回國，同學們也會設宴洗塵，大家相聚，把酒言歡！李德嫻為了同學能定期聚會，提議將同學分為春、夏、秋、冬四組，每組設組長一人，負責和組員策劃各季的活動，今年因疫情，春聚未辦。如今同學年紀都已坐七望八，翻出舊照片，有幾位男同學已永久缺席了！人在常相聚，往後的每一次相聚，更顯珍貴！

# 往事如歌，有夢最美！

楊　浩（政三班）

　　承蒙會長洪陸訓看得起，邀筆者撰寫〈從藝文活動看兩岸文化交流〉，這個題目太大、份量太重，拖延數月難以下筆，眼看 2020 年 4 月底交卷，硬着頭皮下筆，以條例式述記，一口氣寫了 16,790 字，再承會長指示將文字縮減至三四千字，故筆者得將題目更改為〈往事如歌，有夢最美！〉。

　　筆者在同學中是庸庸碌碌平平凡凡一生的人，但命格出入近貴有許多奇緣，因緣際會與兩岸黨政軍領導人有所際會與交流。

　　1995 年我定居廣州時曾為文，論稱：「廣州比台北落後 40 年停滯於 1956 年文化大革命時期」。2011 年遷回台北定居時曾為文，復論稱：「台北比廣州落後 30 年因停滯於無法都更」，在廣州 17 年一來一往差了 70 年，感歎中國之復興，兩岸競爭已時不我予。現忙於整理郵品文稿，無法照原稿述記〈從藝文活動看兩岸文化交流〉，兩岸交流（文圖請參閱《楊浩集郵家的隨意窩》）。

　　筆者雖然服務軍旅沒有走到盡頭，但是筆者懷念熱愛服務軍旅時的同學長官（目前國軍中存世曾經為筆者長官的僅有單緒祖、趙一龍、譚保中、王耀華四位）和故舊，一直有尋找報效國家的夙願。人一生除了為別人喝采，也應該為自己喝采，所以不吝固陋，將 70 多年的來時路，用禿筆隨興也

希望能感性的筆耕出一塊塊綠草如茵、芳華滿園的芬芳地，讓後繼的「兩岸交流」人有片休憩園，感受到前人在兩岸交流的來時路，不讓兩岸交流盡成灰，給自己生命留下點活水，給自己點喝采！

　　筆者將一生分成七個階段：青少年時光；求學之路；軍旅之路：榮譽和建樹；百姓創業之路；集郵之路；著作寫作之路；以及現在的工作之路。

# 一、青少年時光

　　筆者抗戰出生時父親任團長，家父與高華柱上將的父親高芳先將軍（撤退來台後曾任第九師師長）九一八事變前結拜為兄弟。

　　台灣當年處於「白色恐怖」的年代，家父在抗日戰爭擔任營、團長時曾救助共產黨人，至台灣後因被人誣陷其曾參加共產黨武裝部隊工作，直至 1978 年 12 月 8 日方經警政署安仁北字第 98771 號〈結案停偵改列考核份子注考〉（這份文件現珍藏我手中）。

　　二弟畢業於國立政治大學（北京大學哲學博士、北京中醫大學醫學博士、美國中西醫科大學醫學博士、現為國際極負盛名中醫學者、醫學家），與其同學之二弟妹（語言學家曾任教外語學校及教育電台教授阿拉伯文）任職於國家安全局，二人論及婚嫁時經安全局約談被迫離職與家父母舉家移居美國。

　　筆者於 1982 年軍訓教官班 28 期畢業，經教育部遴派國

立工業技術學院任主任教官，命令都已發佈，軍訓處副處長趙一龍將軍，高祖懷同學和林威國同學在獅子林金師樓為筆者迎新與餞行，史無前例的被安全部門註銷，調遷無望，申請退伍亦不獲准，心情之鬱卒無以復加。

金防部政四組長將我的「安全調查資料」拿到筆者處，從幹校入學至下放金門無一條不良記錄，惜未將之影印，筆者可能是唯一看過自己的「安全調查資料」的人。乃潛力於郵學及中醫，歷經五年之努力，方得於 1988 年退伍，如願開始做自己想做的事。

筆者父親是一代武學宗師，筆者少小習武，1955 年在三軍球場表演蟠龍棍，揚名第十屆全省運動會成為報章雜誌的風雲神童。軍旅戰技班七期畢業，精通武術、堪輿。

初中加入童子軍，是中國第四號的羅浮童子軍，18 歲當選童子軍總會代表，參加《全國第一次青年代表會議》。

家裡有田園， 筆者會種田、插秧、割稻，精於種植各種瓜果蔬菜，養過雞（家裡最多時有一萬多隻）、養過鴨、鵝、放過羊，精於園藝盆栽。

房地產等等家財，都被外祖父敗盡，絕望時，父親要母親一齊跳海自盡，母親說「我們還有孩子要撫養，孩子長大了就有希望！」母親擺麵攤撫養我們，繳不起大學學費筆者考入軍法學校，母親反對怕判錯案托人改分配，讀了政工幹校。

二弟一代中醫宗師楊維傑博士 17 歲提前入營至金門當了兵。

　　進入幹校後家境漸好轉，四年沒有虛度贏得佳人劉應章同學歸，現在松山慈惠堂的土地原是筆者家的，筆者與劉應章同學結婚的新房就蓋在此處。

## 二、求學之路

　　小學積穗國校、初中成淵中學、高中建國中學、政工幹校法學士、香港中醫學院、山西頭針研究所（滿分畢業）中醫學士、碩士，美國自由大學博士。

## 三、軍旅之路：榮譽和建樹

　　1973年當選莒光連隊及第十屆政戰楷模。
安全局國家安全幹部研究班51期論文寫作第一名，建議獲准國民身份證不註明原籍貫而以出生地之現在使用型式之國民身份證，局長王永樹上將親頒獎金五千元（安研班11期同期有黃錦璋同學）。

　　筆者擬案建議歷經四年兩任陸軍總司令馬安瀾上將，郝柏村上將，成立《陸軍反情報隊》金、馬、澎防部及各軍團反情報隊分遣組。

　　筆者在「精實案」國軍全面精簡單位裁減兵員時，增加政戰員額幾乎不可能時，簽呈計劃、協調人事署、作戰署、後勤署、主計署同意支持，並自各軍團、防衛部支援抽調員額、協調各特業署處、配置車輛、油料、裝備、經費、完成

隊部及各分遣組員額編制，多次簡報，歷經四年兩任總司令，在郝柏村總司令任內完成。

筆者奉令試辦、承辦、恢復停辦了十年的《金門戰鬥營》（前後六期），　筆者奉令擔任副主任兼執行官，試辦第一期邀請了高希均博士等 28 位知名學者參加，國防部指令筆者接受《台視六十分鐘》《中視九十分鐘》《勝利之光》及各大報章雜誌及電台專訪，獲得肯定，經救國團潘振球主任及總政戰部許歷農主任一同晉見面報救國團創辦人蔣經國總統，獲准恢復《金門戰鬥營》，筆者退伍榮獲救國團李鍾桂主任頒發獎牌獎狀表揚。

服務軍旅沒有走到盡頭，筆者懷念熱愛服務軍旅時的同學長官和故舊，筆者為中華民國建國 100 年籌劃舉辦國軍郵展，是筆者力所能及的事，在國防部、交通部、中華集郵聯合會支援配合下舉辦了《中華民國建國 100 年國軍郵展》，請同學見證分享我們曾共同擁有的大家庭「國軍」的喜慶，在慶祝建國 100 年的活動裡，我們十四期同學沒有留白！總算是心想事成的達成筆者渺小的報效國家的夙願！

## 四、百姓創業之路

筆者 1983 年晉升上校，歷經五年申報退伍，卒於 1988 年 10 月 1 日自金防部後指部主任退伍，返台北一下飛機就被抓到黎明文化事業有限公司任國內部兼國外部經理，任職三個月決定不再吃公家飯，從此浪跡天涯。

　　筆者創辦了《霓紅燈科技公司》《樂群文化事業公司》《樂群書局》《滙豐投資股份有限公司》《集郵界雜誌社》《藝術家雜誌社》《樂群生活雜誌社》，香港《偉星房地產公司》，廣州《集郵界雜誌社》，廣州《樂群郵社》任董事長及社長並發行股票。

　　生意失敗負債千萬淪落擺麵攤兩年，東山再起住過重慶西南大飯店一天八萬（十二萬打折優待）人民幣的總統套房。

## 五、集郵之路

　　（一）郵集之多為上世紀全世界華人之冠

　　筆者集郵已近 70 年，潛心於郵學研究四十多年，集郵40 年時，中國時報曾對筆者做過"楊浩集郵四十年"專訪的大幅報導，肯定筆者集郵的來時路。

　　筆者收藏之相關郵票、封、片、簡、文件近千萬件，許多是歷史孤品、郵史珍品，具有時代及斷代意義，筆者現有郵集 200 餘部是迄今所知，全球華人集郵家蒐藏最具規模、最龐大的一部郵集。

　　（二）筆者舉辦了上世紀全世界集郵家最大規模個人郵展

　　筆者在台北、台中、台南、高雄、花蓮、桃園、嘉義、旗山、台北市動物園、十分大瀑布等地舉辦筆者個人 150 框郵展（自備 15 噸卡車及展框）。

　　筆者應邀在泰國、北京、廣州、香港、澳門、湖南、安徽、山東、山西舉辦個人巡迴郵展。

　　國父 140 年誕辰，筆者應邀至翠亨村孫中山紀念館展覽《孫中山郵集》。

　　（三）筆者的郵票、郵品、郵集、蒐藏品價值可觀，現市值不菲。

（四）筆者的集郵榮譽

1、對集郵卓有貢獻。2006 年中華郵政 110 周年表揚大會，獲交通部長頒發獎金 1 萬元、水晶獎杯一座表揚。

2、筆者在北京主持了全中國各集郵商會的《開創我國集郵對外文化交流的新局面集郵研討會》。

3、筆者重新開啟了我國政府與澳門政府的外交關係。澳門受 1966 年大陸文化大革命影響所及，自 1967 年葡萄牙澳門政府當局封閉了我國駐澳門的所有外交文化經貿機構，我國也撤回了駐澳門的所有外交文化經貿機構及人員。葡萄牙澳門政府當局嚴禁政府官局以公或私身份訪問台灣，我國政府也無法派員以公或私身份訪問澳門 。事隔 26 年，直到 1993 年，筆者以個人身份與葡澳當局的葡萄牙人的私人情誼，方突破了我國與澳門外交上的僵局。1993 年 5 月 31 日，筆者邀請了葡澳政府重要官員，掌管澳門電信及郵政的澳門 郵電司長羅庇士、副司長歐美德女士、郵務處長羅永然、集郵處長馬安途一行四人（均葡萄牙人），澳門人稱的四大金剛，訪問台灣。筆者照會了外交部及郵政總局，派高層人員接機。澳門 郵電司長羅庇士一行訪台行程，筆者我全程安排包括拜會參訪外交部及郵政總局。

4、在臺灣及大陸大江南北舉辦筆者個人的郵展上百場，在郵壇備受禮遇與尊崇，曾多次代表中國頒獎新加坡、越南、坦桑尼亞各國駐中國大使，與古巴外長，葡萄牙、墨西哥駐中國大使友好。

5、筆者正在籌組「楊浩郵票博物館」，筆者目前是海峽兩岸及全球華人集郵人唯一擁有千萬件郵品文物的人，能否心想事成，只有盡人事聽天命。

## 六、寫作著作之路

逝歲月中，寫了 1,000 多萬字的郵學文稿，筆者曾應邀在《中國時報》及《廣州南方都市報》寫《楊浩集郵專欄》，加上小說、政論及中醫書稿，出版書的高度也快和自己般高了！

在著作及集郵這條路上獲頒國家、亞洲及世界級之金獎、大鍍金獎、鍍金獎等 21 座，沒有交白卷。

## 七、代表著作《楊浩學術論文集》叢書

1997 年聯合報香港全球「華人作家暢銷書排行榜第二名」。

《楊浩學術論文集》叢書之一 《小說論評》叢書兩部。叢書之二 《中醫學術》叢書四部。叢書之三 《郵海探微》叢書 17 部

# 八、現在及曾經歷的工作之路

台北市集郵協會理事長

集郵界雜誌社社長（臺北）

世界中醫師公會永久會員（香港）

中國外國郵票愛好者聯誼會副會長（北京）

《中華世界郵票目錄》編輯委員會副主編（北京）

中國西部研究與發展促進會理事（北京）

中國西部研究與發展促進會集郵產業發展中心海峽兩
岸交流委員會委員長（北京）

中國朝鮮貿易促進會副會長（北京）

中國朝鮮郵票研究會副會長（北京）

中國匯兌研究會副會長（湖南長沙）

廣州包裹集郵研究會會長、港澳集郵研究會顧問

廣州生肖集郵研究會顧問、民族集郵研究會顧問

（兩岸交流文圖請參閱《楊浩集郵家的隨意窩》）

# 過往雲煙之洛城

潘慶權（政一班）

　　二十幾年前，初到美國加州洛杉磯，有好陣子無所事事，這地方對筆者來說，人是陌生的，地也不熟悉，言語又不通的所在。幸好這裡的華人很多在超市、銀行、餐館甚至保險公司、房仲業者等等大都會講粵語（廣東話），筆者不但會聽而且會說，這對筆者幫助太大，在食衣住行減少許許多多的障礙，同時加上筆者親戚從旁多方協助，使筆者也漸漸慢慢在摸索中去適應環境。因此，第一步先取得駕照證件做為ID身分證明（ID是英文 Identity 的縮寫，如同我們現在身分證一樣）。居住在美國沒有 ID 生活很不方便，舉凡到公部門洽公辦事、銀行開戶存提款、汽車房屋買賣、租賃貸款、看病就診醫療以及任何保險等皆需ID。例舉數則筆者在洛城生活體驗。

## 一、考駕照

　　前面說過沒 ID 生活很不方便，因此必需先取得駕照才行，有了這張不但能開車，亦可當作身份證件使用。路考之前必須得筆試及格（洛城筆試有英文、西班牙文、中文三種），考題都印在電話簿最後附在黃頁上。筆試及格後打電話至DMV 預約路考時間，（DMV 如同本地監理單位，Department of Motor Vehicles 的縮寫），一次筆試及格有三次路考機會，洛城地區考照全是路考，使用自己車去應試，還得上一段高速公路，沒有倒車入庫及 S 型，在駕車路試中考官一一紀錄，回到 DMV 將車停穩後，考官即時告知通過與否。

## 二、交通違規

在洛城地區開車，最怕警車在你車後不停閃著警燈，尾隨跟著，那表示你所開的車已經違規，必須靠路邊停車等候交警查問，拿出駕照在違單上簽名後放行，當收到寄來的違規通知單，依單上時間、地點到法院報到，等候法官依違規程度做一判決，通常初犯輕微者，就到指定駕駛學校上課八小時，取得駕駛學校發的考試及格證明文件，再依時限又要到法院消號，依此流程算是完成此一交通違規案件結束。所以汽車駕駛者都很小心翼翼開車，遵守交通，若違規被罰，不但口袋失血，而且很困擾，又耗時間，說不定你所投保的車險公司隔年還要加價。還有千萬千萬不要在有殘障標示的停車格旁邊倒車出來，萬一被巡邏警車看到，會被認為你的車剛從殘障停車格車位倒車出來，罰款會罰得很重（美金 400元以上）。

## 三、小費、服務、環境

美國是個給小費的國家，也是許多服務人員視小費多寡作為收入的一部份，尤其是機場、各種餐館店家，不論你是

大食小飲，一入餐館消費，即依當餐消費金額多少按比例給小費。比如飲茶消費結帳金額美金70元，就得給小費美金7元或8元，晚餐給的比中餐更多，小費付現金或刷卡均可，刷卡直接在帳單上註明數字即可，這對不善給小費初到美國新移民來說，也是另一種失血，不管怎樣，到了人家的國度，就算心不甘情不願，也得入境隨俗。另外談到服務，在洛城也是很不一樣，記得筆者家中熱氣壞了，打電話到愛迪生電力公司預約時間上門修理熱氣，心想另一處螺絲鬆了，請服務人員順便檢測一下，那知上門檢修熱氣的工作人員說「工作單沒要求要做這項，請打電話再預約」，所以說老美沒有「順便」做的事，跟台灣工作方式態度有著很明顯的不同。至於環境，每個市府要求鬆緊不一，鄰近驅車十來分鐘頂多廿分鐘到的城市，如蒙特利公市（Monterey）、聖蓋博市（San Gabriel）、柔似蜜市（Rosemead）、天普市（Temple City）、艾爾蒙地市（Elmonte），以筆者居住過的阿罕布拉市（Alhambra）對環境整理要求比較嚴些，若居家住處庭院花草，不按時修剪整理，市府會發通知單告知限期改善，其目的是要整條街整齊乾淨。在美國每條街都有街名，沒巷沒弄，每戶家庭市府免費撥發兩個大型附有輪子垃圾及回收塑膠桶，固定於每星期一次由自家在前一天晚上推到路邊，翌日由市府垃圾車逐戶逐戶處理，等屋主下班回家時，自行將兩個大塑膠桶推回自家後院擺放，根本不用追垃圾車，方便得很，除此之外，還有一星期一次固定時間路邊掃街，在斗大的標示牌上告示「星期五 8AM～12AM」，整條街看不到一部停在路邊的車，這點老美遵守規定是及格的。

# 四、醫　療

　　新移民對美國醫療體系多數是矇矇矓矓,僅知道要買保險,得病就醫會很貴,除非急診直接送到大醫院,其它一切病痛都得在家庭診所看診,由家庭醫師來論斷是否要轉診,這跟台灣看病差別很大。常聽洛城華人說,美國醫療健保很難弄懂,筆者初到美國洛杉磯,有次到華人所開的牙醫問診,想要瞭解如何保健牙齒及看牙收費等等,一聽醫護人員說:「要瞭解如何保護牙齒咨詢費用美金100元,看牙以顆計價」難怪牙醫診所特別多。美國其它州看牙是否如此,筆者不得而知。在美國就醫看病一定要買Medicare(醫療保險),否則看病費用很昂貴,一場重病很可能使家庭陷入困境,通常保險公司保費平均從每月60美元到120美元不等,大致看病就診費用比例公司付80%,個人承擔20%,不同保險公司價格也不同。如果是合法移民到美國,並居住滿五年,但沒有在美國工作,或繳納醫療保險稅滿10年,到了年滿65歲以後不能得到免費的醫療保險(Medicare),但可自費購買醫療保險,難怪有人說在美國都不敢生病。居住洛城的費用除平日生活開銷外,其它房屋險、車險、醫療險、房屋稅、地價稅,以及租屋車貨房貸等等,都是一筆可觀的支出數字。

　　五、最後談談陪審團及報稅。在美國這二件事,不管公民及合法居民要遵行做到,否則後遺症會纏身。有收到陪審通知一定要按時地報到,公司行號店家給予公假前往。筆者曾經由電腦抽樣中籤,依書面時地報到,面對審官查驗,筆

者即以簡單華語式的英語腔調向審官說「蛇，埃礎，史畢克，英國歷史」，審官即刻以筆者聽得懂的英文告知"ok you go home"，筆者就那麼唯一的一次接觸到陪審團，但並未實際參與。老美陪審團是個由民間組成，通常 6 至 12 人，他們對法院的案子，不管刑事民事都有決定性影響法官的判決。至於報稅，在美國公民及合法居民都要報稅，若欠稅，稅務單位會盯得很緊，報稅也有好處，當退休時，報稅達到 40 點以上（每人每年祇有四點），法定年齡到了就可以申請領退休金，但每年 4 點等值不同，工作薪資低，報繳納稅金就少，拿到退休金相對就少，反之則高。美國稅務繁雜難懂，一般人也不容易上手，但有一點跟台灣報稅相近，那就是由自己選擇採取那種方式較為對自己有利去報稅，每年 2 至 4 月是老美報稅季節，表格全是英文，不要說填寫，連看都看不懂，每年在這時段，筆者乾脆請當地華人專業稅務會計替筆者申報，20 幾年前申報費用為美金 100 元，目前價款多少不得而知。

　　前述所記，新移民初到美國，各家都有或多或少不同程度的複雜心歷過程，現洛城對筆者已是過往雲煙了。

# 告別‧願景

蔡勝隆 (政二班)

　　有些人什麼都不要，其實他什麼都有，有些人他只要「春風」悠遊山水，而敬畏「苦雨」，在十四期中，固然沒有菁英庶民之分，其實不少同學不是擁有太少，而是要的太多。像我的一生什麼都想要，結果到頭來什麼都沒有，因為我要的是揚在臉上（他們說的）願景。這就是人生歲月思想上難免出現的「破口」，在人生旅途上有的時髦，有的蒼涼，有的僵化，大家都有多元的思想和願景，像邵曉玲常唱的一首歌「月亮代表我的心」，奇美許文龍的「心酸酸」。至於「桂河大橋」，空軍之歌「西子姑娘」，甚至「酒醉的探戈」這些歌，以前我曾自彈自怡。二月八日這一天讀到張鍾懋同學噩訊，也接到洪陸訓會長邀稿之電話，更要命的也接到榮總急電要我馬上住院。人生真的到處都充滿驚奇，但這一「驚」忽然讓我想到光陰無法緩步，於是我最近彈了兩首歌：「奇異恩典」和「紅塵過客」，這兩首歌似曾相識！有人說音樂常會打動人的心而且也會傳達希望和信號，生命是一個漸行漸遠的過程，同學會洪陸訓會長要出會刊的續集，烙印真情，遺墨人生意義重大，聽說本期同學已往生六十七人，令人心中發涼。「走過塵土與雲月」上下兩集十分耀眼，去年畢業五十週年推出的「同舟共濟半世紀」專輯，書重就達三斤，這些絕非整軍經武教戰書刊，也非為解愁解悶而

出，每一篇都有同學歲月的刻痕，咨爾多士通通集錦在這個專輯中，面臨懶散的年齡大家還有自創一格的能量，令其它班期刮目相看，洪秀柱前主席曾說「人的一生最精彩的是最後這十年」，所以大家不妨拿起筆來考驗內心咀嚼的力量，否則難道要等到浪花淘盡英雄再來說：放心容易，放手難！。

　　高雄復興崗校友會去年在高雄「海寶大飯店」隆重推出「千人大會」，洪陸訓同學號召二十幾位同學專程南下助陣，尤其復興崗校友總會李天鐸總會長也親率理監事蒞臨大會指導並共同尋回溫暖正義。本是同根生，復興崗這個「神主牌」在李總會長（也是政論家）的蓄勢、造勢、結勢、局勢，尤其對政治的負心漢的嗆辣下，相當奪人目光，台北來的學長們我認為他們是一支豪華的隊伍，大家一起走過歷史的風華，這熟悉的味道溢於言表。陸訓兄和我討論同學會和校友會的定義，其實差別不大，但同學會最大的憂慮是後繼無人，「莫散了團體」大家隨興嚷一嚷，但年紀越大越不想為難自己，那一天我私下打聽（關心一下）陸訓會長，下一屆會長將由誰榮膺上任？這絕非俏皮之語言，他說要找一個黃道吉日大家共推一位比較「貼近民意」的來傳承這個「志業」。高雄復興崗校友會三代同堂（政工、政戰、政院）人才濟濟，老幹新枝，它是要永續經營的，這個團體如同一部列車是不會停的，有人上車，有人下車，窗外天候時好時壞，但方向是不會變的。我要向洪會長陸訓兄報告，不是我「屬害」我只是能滿足大家的期待而已，同學會比地區校友會難以經營這是不爭的事實，因同學會不是大家一起變老而已，有一天將會面臨歸零的「暈眩效應」。但地區校友會的會長

（理事長）涉世未深者為保令譽也要先考量這個團體的情境，審度時機。

　　如果說要用新的篇章來不斷延燒話題，達到人生留痕的心願，那一定是吳信義同學最有看頭，「歲月行腳」信義兄的新作，我拜讀了一下，信義兄充滿「慢活」的概念，有些人善於造夢卻陷入乾坤，還說是「月亮惹的禍」。郭台銘去坪頂武聖關公乩身告訴他十個字「一世留清明，輸贏一念間」。國事、家事、天下事，最近我常在群組報告未來的「事」和焦慮，以及內心的「劇情」。因為人生最精華的歲月一時被困住，宋楚瑜曾講過：「歷史是一面鏡子，不是一條繩子」，鳥美在羽毛，人美在勤勞，就算過去得失隨緣，但人一旦身體遇挫，就很難完全擺脫這一條繩子。沉重的告白絕非煽情，何況懷舊的話不討喜。軍旅轉業從商到後來，不是從絢爛回歸到平淡就沒事，健康是無價，相識滿天下當你遇到哀戚無盡之時，才會刻骨銘心體悟到只有自己的「夫人」才是真正能陪自己寫自己的一生。「女人以家為天下，男人以天下為家」我認為這句話只是遠距離的美感，但卻是充滿近距離的偏見。在世間上你我彷彿是一隻螢火蟲，本期會刊續集，我想了一下用「告別‧願景」來投射本人一生千絲萬縷心中的部份結論。我想就讓我們過去的光彩、驚懼變成只是過去吧！

# 蘭嶼三結義　孤獨一枝花

譚遠雄（政四班）

　　民國 69 年中秋節前夕，在金門南雄師，我擔任處長時，接獲師部電話通知，三日內要趕到陸軍總部政一處報到，我初期以為我月前到陸總部參謀考試第二名，要被調到陸總部服務滿心歡喜。自 63 年到 69 年連續七個年頭，我都在外島戰地服務，心中想這下總算可調回台灣了，等我興高彩烈到達總部報到後，才知道參謀考試第一名調總部，第三名調國防部，我這考第二名卻要被調往蘭嶼，實在讓我感到驚訝！總部主任黃中將召見我，告知陸軍將在蘭嶼成立進德班，接收台南軍監服刑期滿三軍回役士官兵，給予六個月教育再分發部隊，一切要對外保密，更不能連絡家屬。派我擔任成班第一任處長任期至少一年，立即帶著部分幹部，到礁溪明德班前往參加整編，我想這是陸軍第一次要軍人不能向父母妻女告知他們調往何方，就這樣我父母妻子兩天後，不知道我行蹤，向陸總管政戰人事與國學長打聽我的去處，學長僅向我內人說我人平安，其他保密不能奉告，就這樣三週後，我到達蘭嶼才打電話向家人報平安，感謝家人當年能體諒。

　　我們復興崗 14 期畢業同學一共三位，一起派到蘭嶼成立進德班，我擔任處長，建標兄由礁溪明德班轉調擔任行政組長，長安兄擔任政戰官，三兄弟就在蘭嶼比照三國劉關張再結金蘭。在那年我們派到一個沒有電的地方服務，彼此同甘

共苦、相互照顧、同心協力，去推動回役士官兵感化教育。我們接收當年警總管訓犯人的營房，由工兵部隊整修後交給我們，報到一週時我們部分肉類等副食品，要請台東師幫忙採購，自台東空運來蘭嶼，一時作業趕不上，我們初期有一週是在過吃麵疙瘩生活。擔任行政組長建標兄，在行政後勤事務上，不眠不休讓大家食住交通生活起居上，獲得妥善的照顧，他的確費了一番心思夠他辛苦。長安兄在教育訓練、官兵文康福利上，全力以赴，用腦用心地完成上級交付我們的任務。建標和長安及我三人，是班主任杜上校得力三劍客，陸軍有福氣讓 14 期三位同學，一起在蘭嶼挑大樑，協助班主任杜上校完成成立進德班任務。

　　回想有一次學生因蘭嶼指揮部通知，次日我們學生，不能再去蘭指部特約茶室娛樂，隊職官只簡單傳達訊息，當晚學生晚飯後，集體騷動往班部集結，衛兵無法制止對空鳴槍，我從窗口跳出去，立即叫衛兵撤離往樓上連部避難，怕衛兵武器被學生搶走，會發生安全意外事件。我一夫當關站在路中間，阻擋學生往班部前進，第一句話大聲說：「中秋節還不到，大家跑出來開月光晚會，太早了吧！」同學一聽楞一下時，我右後方不知何時跑來建標兄，馬上說：「同學們坐下，聽處長向大家報告」，學生坐在地上，我往左看長安兄在我左邊，後方十幾位幹部圍成鎮暴隊形，我立即向同學用幽默話語說：「台東來蘭指部侍應生，白天被部分去的同學射擊，把靶打壞了，要回台灣修靶，修好後會再來蘭嶼 ，為大家服務，安心回寢室睡覺吧！」同學聽後大家一陣大笑，化解一

場騷動事件，革命袍澤情義在危急時，鼎力相助，才真正看出來，蘭嶼三結義、患難一條心。

　　民國 70 年春節前夕，我和班主任杜上校討論，進德班同學過年應給予他們放假回台灣過春節，杜主任說如果放他們回台，有同學不回來，這責任很大，會丟官的。我和主任說：這責任我來負，如學生有人收假不回來，該法辦就辦我，請班主任向總部報告，如不放假會有大事發生。我和建標與長安商議三人一起作保，放學生回家過年。經總部同意後，那年春節我們把學生以縣市地區編成若干互助組，收假時由組長帶隊向台東聯絡官報到搭蘭嶼輪回蘭嶼。放假當天請班副主任領隊帶學生回台灣，我和建標與長安到碼頭歡送，上船時我向學生說處長把頭借給大家帶回台灣過年，記得收假時，把我的頭帶回來，祝大家平安，上船！結果，收假時全部學生平安回蘭嶼，這場賭局我們贏了，建標與長安能如此與我共患難，大概是我們學生時代學到復興崗教育四大信條之一：「負人家不肯負的責」薰陶吧。那年警總在綠島與我們同樣班隊，因春節不給學生放假而引起暴動，讓他們副總司令親自到綠島處裡，想想我和建標與長安這蘭嶼三結義還真敢冒險。

　　一年之後建標兄調升旅處長，長安兄調升參謀官，我調升軍科長。不幸 102 年上半年在台南一場同學喜宴上，才和蘭嶼結拜兄弟長安兄把酒言歡，長安兄很喜歡聽我唱歌，問我最近有新的 CD 嗎？我說有和內人共同錄製 16 首懷念金曲的 DVD，並當場答應回台北次日要寄給他。第二天我寫好信裝好 DVD，往郵局去的路上，接到弘忠兄手機告訴我長安兄

在喝完喜宴回家後，因心臟病逝世，當場讓我震驚和難過。事後我在 57 復興崗部落格，馬祖資訊網網站發表一篇「一張寄不出的光碟」，表達我對長安兄的追思與懷念。接著不幸消息又來了，57 復興崗部落格，刊載「政三教授班建標同學因器官衰竭不幸於 102 年 9 月 20 日過世。」看完後心裡特別哀傷，33 年後的 102 年，蘭嶼三結義，只剩我這孤獨一枝花，好傷心好難過，久久無法成眠，坐在孤燈下，寫下我的追思和感懷。

# 肆、人生拾穗與偶感

## 憶眷村懷舊軼事

王禾平（政四班）

　　時代巨輪續轉聳立五千年，中華民族多難興邦，滿族腐敗，民國肇起。憶先父世居遼寧錦卅，滿清貴族之後書香傳世，見日寇侵華軍閥割據，毅然棄文從軍，民國 12 年起學於東北講武堂研習軍事。另於民國 18 年 6 月 16 日考入中央陸軍官校武漢分校砲科第一期，見逃難之男女老少，沒吃沒喝。畢業後隨國軍征戰大江南北，歷經抗日、剿共無數大小戰役。民國 36 年奉命支援「蘇北鹽城卞倉剿共之役」，時任陸軍整編 40 師 90 旅 269 團上校砲兵團長，激戰四天三夜，戰至 36 年 12 月 28 日，終因支援部隊延滯，彈盡援絕，不幸為國捐軀。部隊延至「徐蚌會戰」後，方通知家母先父殉國。家父一生公忠體國，現英靈立祠位於圓山忠烈祠 K 601 牌位，供後人遙祭追思；家母自先父殉國後，即隨國軍部隊移防冀、皖、湘、豫、鄂、黔、粵等省縣。民國 39 年自廣州移居海南島，隨部隊撤退至榆林港。當時兵荒馬亂，迫砲機槍橫掃碼頭，橫屍遍野，慘不忍睹，因戰況緊急，僅有租用漁船趕赴

外海停泊之運補艦，由雲梯攀登上船，苦不堪言，船行四天三夜終登上台灣高雄港。短暫休憩後，即搭火車落居嘉義竹崎鄉竹崎廢棄之製烟廠鐵皮圓筒型房舍，每家均以麻布袋麵粉袋隔間，暫得安身之處。爰先父官階較高，方才分配竹崎村一日式房舍居住。民國46年遷居「台南影劇三村」至眷村改建至今。

憶眷村爰起於民國45年由影劇界人士受蔣夫人邀約，商議為照顧因國共對戰旅居台灣這批軍眷，在當時電影票內抽取2角娛樂捐籌建而成。全省各縣市分蓋「影劇一至七村」安撫眷戶，讓前方作戰之官士，能於安心戰情。記憶「台南影劇三村」共建有500戶，由軍方分配給大陸來台之陣亡將士遺眷、作戰失聯之無依軍眷、大陳島義胞及部分現役軍眷。其眷舍為用稻草泥土加上竹枝混合而成之內牆，加上外牆釘上木板片、土片瓦頂。八間連棟，官眷7坪，士官兵5坪，一廳房，廁所共用（公共廁所），此為俗稱「土埆厝」。住戶均來自大陸大江南北，南腔北調。大部分眷戶均以竹籬笆圍牆，正所謂的「竹籬笆內的春天」。時至今昔，大陸來台的第一代本欲追隨蔣公枕戈待旦，假以時日反攻大陸，旅居至今，大都已凋零。我們第二代俗稱的「外省囝仔」也至耄耋暮年；憶童年兒時大陸來台同僑天真無邪，少年輕狂。記得我們眷村週邊均為果園與台糖白甘蔗園，假日閒暇時結伴至果園摘採成熟的芭樂、芒果等水果。白甘蔗從中間啃嚼為免費營養之補給品。每月初，糧秣單位趕牛車至村口沿途叫喊「領米啦」！牛鈴聲走在每棟間石子路上，憑糧票領取米、油、鹽等眷糧。因戰後物資匱乏，村口前天主堂常有美援麵

粉、玉米粉、牛油等物品救援。眷村中，同儕玩伴有的自制力高的，自我要求用功K書，高中畢業也考取公、私立大學或師範學校。另一群如同你我，均知家中經濟有限，亦能就讀軍校減輕家庭負擔。不論是會念書的同儕讀完學士進而半工半讀修習碩、博士，讀軍校咱這一批有的亦能再造高峰碩、博士的也大有人在，成就非凡造福社會。

　　眷村懷舊，想當年家戶均至工廠批貨到家中，以手工貼補家用，左右芳鄰在大時代變遷中，來自大陸各省天南地北，南腔北調，但均有同樣的背景，皆能守望相助，門戶敞開。逢年過節，更是鄉土菜餚、東北大餅、湖南臘肉香腸、山東饅頭、大陳義胞曬魚醃蟹，在「人不親土親」之情緣下相互分送品嘗，爰此眷村長大的小孩感情持別濃密，追憶往昔誼情難捨。奈何大環境變遷下，民國94年春，國防部老舊眷村改建，現老影劇三村已改建為新大樓「影三華廈」「影三新城」。第一代大都已凋零，我們第二代業已毫臺暮年，雖有難捨的情誼，「緣大時代變遷，牽繫咱影劇三村情緣，珍惜過往，恒久不渝」！走過的眷村歲月，塵封往事歷歷在目。本人在建國百年曾邀約芳鄰好友，成立了「影三芳鄰聯誼會」，每年春季聚會一次。更在民國106年1月14日遷居影三一甲子紀念聯誼會上發行了「塵封往事憶影三」一書及紀念保溫杯一個，分送參與聚會芳鄰人手一冊，並於會中決議，每年春季邀集全球芳鄰聚會一次，並成立「影三芳鄰聯誼群組」，讓影三眷村過往續留「眷村情、芳鄰愛，永不渝」，代代相傳以至永遠。

# 在上海的日子

左秦生（政四班）

　　這是 7 年前的往事，回憶中仍忘不了。在上海過日子，不是旅遊，是單純寄宿在女兒家。他們一家人，在彼岸工作或就學，我偶而因應他們的需求，盤桓一段時間，體驗當地的生活和風俗，回憶過往生活點滴，心情記事。

　　今年二月，新冠病毒波及全球，一般指向湖北武漢華南海鮮市場餐廳。但在文明先進的上海市，也暗藏飛禽野獸買賣交易；它隱沒在街頭巷尾處。凡是「天上飛的，地上爬的，水裡游的」各種野生動物應有盡有，如蝙蝠、野鴿、穿山甲、烏龜、蛇等，十幾種之多。有的用麻布袋包裹著或用魚網、尼龍繩罩起來，殘忍的手法直接現殺，血淋淋的掛在木材或鐵桿上，不忍目睹。這些動物由鄉下人運送來；他們起早摸黑，天亮前抵達。他們自稱是無神論者，那還管什麼業障不業障的事！？最近，中國大陸公佈野生動物買賣禁令，盼有效遏阻疫情發生。

　　台灣人到大陸工作或做生意，泛稱「台商」，頗似飄洋過海，孤苦伶仃的況味。其目的有二：一則是實踐理想；另一是賺錢養家。到了異鄉，時日一久即免不了「鄉愁」，有了「鄉愁」，即有懷念家鄉味，真正是「思念不息，盼望不止」。同樣的，如曾經在金門、馬祖服役或任職者，對金門高粱酒或馬祖老酒猶然情有獨鍾，眷戀不忘。機靈的台商即

在當地開設了台灣味的餐廳，我曾造訪過兩次，人潮絡繹不絕，熙熙攘攘，屋內擺設也是古早味，矮凳矮桌，方圓成形，菜餚即是魯肉飯、肉燥飯、擔仔麵、肉丸、清粥小菜，簡單實惠，價錢公道。俗語說：「人是鐵，飯是鋼」，「肚子吃不飽，腰桿挺不直」，所以，吃是人生頭等大事。

台商子女就讀學校，類分為台商學校、公立學校、國際學校和私立學校。為了節省時間及免舟車勞頓，外孫女選擇住家附近私立小學，路程 20 分鐘餘，早晚接送上下學，娓娓道來各種話題和趣聞，行走在白楊樹下，真是幸福。

某日，早上約 9 點鐘，女兒打電話說外孫女微恙感冒，託我向學校告假。掛下電話，急奔而去，到了教室門口向老師說明原委，只見她面帶不悅，且話語僵硬說：「我們有校醫，她沒有問題，請回吧」，我猝不及防，如雷轟頂似的，傻愣愣的蹩立在哪兒，最後，只能心慈面貌，言婉懇謝而回。事後，再細想一番，現今中國的治理和崛起，若沒有霸氣，何來雄心壯志！？

歲月催人老，健康自己顧。在滬期間只要不下雨，即會前往公園。公園場地設有籃球場，器械式運動器具及 PU 跑道，適合各種年齡階層鍛鍊身體。印象深刻的則是太極拳和吊嗓子。喜好太極拳者，皆在晨間運動，身着太極服，揹著太極劍、棍。太極拳團練時，動作整齊，步幅一致，其間有轉身踢腿握拳或拍腳運手，清楚分明。另太極劍更能展現力與美的矯健，架式中單腳站立，手指一方，劍鞘鋒出，「刷」的一聲，真是帥極了。團練時，教練嗓門依學者動作有誤、步幅到位與否而吆喝著，其聲如洪鐘，氣似雷鳴。他或有愛

徒心切，不時下場親自講解、示範。但是，所謂「師父引進門，修行靠自己」。習者需虛心受教，惟有勤練不已，方能悟出「身柔、氣通、精貫」的精髓。

　　公園內，每次都見到那位兩鬢飛霜的仁兄，兀自在角落哼著平劇，其唱腔、手勢，活吞吞的沉浸在戲曲角色裏，煞有模樣。倘若唱的不甚滿意，即停住並咳嗽兩聲，喝口水，潤潤喉，待嗓清圓滑，再繼續唱。似乎生命中的「戲精」上癮，無從遺忘，無法褪去。如同 30 年代的我們，對民歌依然有深厚的情愫，當歌聲飄來即怡然自得的吟唱著。也許這輩子也忘不了。

　　上海是個迷人的都市，也是耀眼國際級的都市。人口數兩千三百多萬，整天東奔西走，忙忙碌碌。它既是現代的，也是古典的；它既是科技的，也有文明的；它既是變動的，也有永恆的；它也受困「文革」災難中，但也在「現代化」中甦醒了。上海外灘有無數過往的江帆，對岸的霓虹燈不停地閃爍，似乎也召喚著你去圓夢。

# 山居歲月

吉　淵（政四班）

　　近二十多年來，時而在台北與家人團聚共享天倫之樂，時而在南部山區獨享清淨的耕讀生活，客來時歡天喜地在互損互虧中話當年，共同分享山中現有的，客去時就此話別各歸舊路。好友中有的羨慕我擁有這份清幽，有的同情我勞苦孤獨的僵化生活，對這份深情關懷我既感激又溫馨。上帝按著自己的形象創造了亞當，我以自己的興趣活在當下。看似修養，也似性情，好似隨性，又似瀟灑。也許只是一條走到黑的道路，那就把握當下，珍惜擁有且走且磨合吧！

　　山居就在曾文水庫邊，這裡好山好水，視野寬廣，空氣清新環境優雅寧靜。然而雜草藤蔓橫行且有著充滿盎然的生命力，砍了又長，長了又砍，沒完沒了的輪迴著。每次整好地之後總不願馬上離去，坐下接過嬌妻遞過來的茶水，有意無意地聊著，讚賞著自己辛苦整理出來的成果，沐浴在悠悠的青草香味裡，不知不覺夕陽又西下了。

　　曾文水庫是燦爛的，鄉民卻是悲情的，因為這裡是水源保護區，耕種都要經過核准，每當耕種期已過，文件才姍姍來遲。申請大型建設更是困難重重，如有惡勢力那就另當別論了。土地買賣價位停滯，使用率也低，只有一些小格局買賣，因此常有一些修行的，休閒的，及退休的老人到山上定居。幾年前有一釣客花了一百多萬買了一間45坪的獨立屋，

每週五下班到山上來，週日晚回家，不到兩年的時間整個人肌膚滑潤，精神飽滿又樂觀，一眼看上去年輕了好幾歲。心想他上山不到兩年就好似變了一個人，而我住了 26 年除了比以前老以外，什麼也沒變。思之再三，只有一點跟他不一樣，他有一個年輕美麗又性感的親蜜愛人，每週六上山會面，週日下山各奔前程，如此陰陽調和融洽，想不年輕也難！

　　真所謂「活動」「性命」，想活就要動，有性才有命是也。

# 山豬的悲歌 —— 金蘭小記

安哲賢（政四班）

　　從小生長在偏鄉農家的我，家中一貧如洗沒固定收入，老爸靠打工維持全家生計，所以從小家中長輩就不贊成我讀書，一直幫家裡務農或幫人打工協助家中生計，斷斷續續由國小求學到畢業已 16 歲了，隨即加入當時部落青年會，每週一次軍事訓練，也參加夜間正音國語學習課程。

　　有一天我的督導老師到我家找我母親，他說：「可以把巴蘇亞（族名）送去讀書，吃住免費的。」母親說：「都已經是大人了還讀什麼書？（當時我已十八歲）況且家中沒幫手做家事。」但老師很肯定的說讀書總比一輩子做農好吧。母親由不得他，便同意將我送到霧社山地農業補習班（後來改為縣立霧社山地學校）。在初級部第一屆畢業後因為成績中上，又體育成績表現尚佳，達到可以保送高中，於是選擇了省立嘉農（嘉義大學的前身）。在學期間參加了各種社團活動，除了上課就是社團，一天下來幾乎無心再讀書。

　　在校二年級下學期暑假時，瞞著學校參加邵氏公司招考基本演員，很不幸入選通知書寄到學校後被臭罵一頓說：「堂堂一個男子漢，當什麼明星，真是沒出息。」於是垂頭喪氣的勉強把高職讀完，在期間一位老師知道我很無助，鼓勵我說：「別難過，剩一年即可參加大學聯考，我會一對一給你免費補習。」我聽在心裡，眼淚在眼眶裡打轉，老師一看就問：

「為何想哭？什麼事可以告訴我呀。」我沒回答，心中自知家裡經濟狀況不允許……後來畢業聯考雖考上中興大學法商學院（在台北），心中卻高興不起來也很心煩，接到入學通知單那區區的數千元註冊費實在湊不到，打算放棄不讀了。返校那天教官突然喚我到辦公室，並說：「別難過，有一間大學不用學費，每月還有零用錢。你自己選擇陸、海、空三軍官校去讀就可以了，回家後跟家人說明討論後再告訴我。」這就是我有幸跟大夥同窗的過程。

## 山豬的悲歌

說起山豬的悲歌，那是在進幹校前一年的山林生活。為了幫忙家計在自家保留地上種下了約3分地的芋頭，經過數月悉心管理、除草施肥後，果然長得非常好，但採收需請工人。家裡當時入不敷出根本無法顧工，於是跟父母商量先到別處打零工 賺取請工人的費用再回來採收。等賺夠請5個工人的錢返家途中 暗自盤算著三分地以當時價錢看好每公斤80元來初估，約可有2、3萬的收入，心中不覺欣慰，沒想到回到家的翌日前往芋頭園一看，眼淚差點沒掉下來，整片芋頭園只剩3分之1，其他都被山豬搶食光了，只能站著望天長嘆，希望一下子化為了烏有。一氣之下找來獵人兩兄弟來家中商量，幫忙守護剩下的3分之1收成，他們一口答應並要幫我報仇。經過兩天後的凌晨約莫四點左右兩聲槍響劃破天際，我心想肯定是吉兆。果然天一亮他們兩兄弟各背著一公一母的山豬回來目測兩頭也有200多斤重，他們說這

就是芋頭園的罪魁禍首。剛好那天是週末，各戶鄰居都休閒在家，於是我便請鄰長來家中商量如何處理這兩個傢伙，他說：「可以賣錢呀！」但我很慎重的想依循傳統分食文化，便回答：「為了敦親睦鄰，恰好想大家也都在家，鄰內25戶人家也不過百來人，大家一起分享一下也不錯，過去我常出外不在家裡時，大家也都幫忙我家不少，就請大家一頓飯吧！」鄰長微笑的點頭表示同意，便邀集客戶前來我家廣場一起幫忙準備所食用的菜餚，全是山豬的內臟、骨頭，再加了些蘿蔔、竹筍、芋頭等食材，一大鍋慢燉三個小時，剩下的肉就分送給每一戶帶回去。至於豬頭的部分按照習俗須交給拿回豬的獵人兩兄弟，以示尊重與感謝。中午準備就緒即開始把酒言歡、載歌載舞好不熱鬧，到了傍晚酒足飯飽，人們逐漸散去各自回家後，隨後獵人兩兄弟帶著媳婦與我們一家人開始收拾一片狼藉的現場。這就是我入伍前最得意的一天，希望孩子的媽在天上也能感受到我所分享婚前快樂的模樣，其實婚後也是很精彩的啦！

　　小弟在此並祝福各位學長、姐及同學們大家長命百歲、身體安康、家庭福樂美滿！

哲賢於青年節午夜 12:30 自宅
109 年 3 月 29 日

# 全副武裝看少棒

何德大（體育系）

　　我在幹校畢業後被分配到陸軍 234 師（又稱為長城部隊）擔任排長，民國 58 年端午節前部隊奉命移防金門。提到金門，想到的是蕭殺的氣氛，嚴整的紀律，全副武裝的士兵，深更半夜巡查與衛哨的對話。在一成不變的生活中，也有令人莞爾一笑的事在單位裏流傳。以下所寫都是真正發生在我身邊的事，如今想來恍如昨日，算算也有 50 年了。今以拙文分享同學，希望能獲得您的會心一笑。

## 一、金門的鼠患很嚴重

　　防衛部為鼓勵士兵掃除鼠患，規定每人 1 天至少要交老鼠尾巴一支，並以每支 1 元收購，當然多多益善。士兵們在衛哨閒暇之餘，無不盡力尋找鼠輩的蹤影，持續幾個月下來，老鼠似乎是絕跡了，全連一天下來交不出幾支鼠尾，但有一個士兵他每天按時交出，大家奇怪他是怎麼辦到的？一個二兵月薪才 75 元，他的獎金遠遠超出每月薪資所得。有一天我實在忍不住了，找他面談，謎底揭曉了。他帶我到一處空調堡內，打開一個紙箱，在破棉絮下一窩小老鼠出現在眼前，紅通通的一窩小老鼠約有 20 多隻，難怪他不愁沒有鼠尾上繳。

## 二、今天不回家

在金門服役說不想家，那肯定是騙人的。每天吃完晚餐就是一天之中最空閒的時段。天還亮著從副連長室內又傳出那令人聞之心酸的歌聲，姚蘇蓉唱的「今天不回家」，喂！副連長難道沒有別的歌可以放嗎？副連長嘆了口氣說：「我只有這一張唱片，姚蘇蓉唱的今天不回家，正符合目前我們的情況」。就這樣我聽了有半年，後來調職就聽不到了。

## 三、全副武裝看少棒

那年少棒賽風靡全國，身在前線的阿兵哥也不例外。步兵連沒有電，連照明都是煤油燈，幸好連上附近有空軍高砲連，有發電機電視當然可以看。早早就跟高砲連說好了，凌晨 2 點我們一夥人到高砲連看少棒轉播。娛樂不忘任務，每個人都是全副武裝，人槍合一，有任務也不誤事。電視之前加油聲不絕於耳，看看我們這一夥人，看少棒轉播不稀奇，全副武裝看轉播，不知可否列入金氏世界紀錄？

## 四、衛哨阿兵哥的怪異舉動

在外島站哨，白天單哨夜間雙哨，奇事就發生在夜間。雙哨又分明哨及暗哨，明哨通常由反應較快的士兵担任。某夜沒有月亮，黑漆漆一片，正在執行明哨的士兵看到一團黑

影向他匍匐前進，心中有點緊張，接規定發出口令：「什麼人？」那正在匍匐前進的人瞬間起立，向後轉飛奔而去！事後明哨阿兵哥向我告狀，說暗哨的行為讓人不知所措。找到那位站暗哨的阿兵哥，我問他：「你為什麼有此舉動？」他振振有辭的說：「我想看看明哨睡覺了沒有」。我的天！那種舉動多危險呀！

# 五、殺豬不是那麼簡單

　　部隊過年除了一般菜餚，最主要的食材就是豬肉，豬肉可以做好多樣菜，粉蒸肉、東坡肉、肉丸子、醃臘肉，可以滷、可以炒，所以過年豬是少不了的主角。連上養的豬過年剛好派上用場，問題是殺豬的弟兄不在，這殺豬的任務就落在我身上。找了幾位自願者，有人拿刀，有人拿繩子去到豬圈。糟糕好像走漏了消息，豬隻有些聒噪不安，滿豬圈相互推擠。好不容易找到那隻主角，捆綁好運送到廚房外空地，好戲才上場，一刀下去血如泉湧，大家以為大勢已定，退到樹蔭下休息，等待牠壽終正寢。無奈等了半天，氣息尚存已呈現奄奄一息，大家以為差不多了，過去解開綑綁，準備下一步驟。哇！豬跑了，牠繞著集合場像瘋了一樣，大家看傻了，你看我我看你，怎麼辦？最後豬是殺好了，肉也吃完了，但那一幕殺豬驚魂記，在連上被傳為笑談。

　　在外島服役，嚴肅中少有輕鬆的一面，這些事都已成為過去，偶爾想起來蠻可回味的。

# 浮生隨筆

李明祥（政一班）

　　蘇轍在《涼州快哉亭記》說到：「士生於世，於其中不自得，將何往而非病，於其中自得，不以物傷性，將何往而非快。」他的意思是說：人活在這個世界上，假如他的心不能知足，那麼無論到那裡都不會快樂。假如他的內心是知足的，不因為物欲，傷害人的本性，那麼他無論到那裏都是快樂的。這告訴我們對物質欲望要知足，因為物質欲望是永遠不能滿足的。

　　人在生活中要保持快樂開朗的心，這樣你面對生活永遠是正面的、積極的。比如假日去登山，沿途你都在欣賞美景、花草樹木，和朋友有說有笑輕鬆無比。假如你是消極頹廢的人，在爬山的過程中一路抱怨連連，說什麼假日不在家睡覺來爬什麼山？在山頂上別人是在欣賞美景、呼吸新鮮的空氣，而你卻認為在那麼高的山頂上，往山谷一跳正好可以結束一生。人生不能沒有朋友，所以生活中、工作上要結交朋友。寧願多交朋友不要樹立敵人。交朋友，日後不知那一天會得到朋友的幫忙，而樹立敵人，日後不知那天會受到敵人的阻礙。

　　但交朋友的過程中，三教九流的人都可以交，只有一種人不可做朋友，那就是不孝順父母的人不可以交往，因為父

母是我們一生中最親密的人，最親密的人都不能孝順，他怎能不背叛你？

　　人生不過短短數十寒暑，我們都已步入古稀之年，趁現在還能動、還能說、還能笑，將自己的日子過得快樂些，照顧好自己的生活，注意自己的健康，過逍遙自在的日子。

# 雲開隨筆

林毓德（政一班）

接獲受寵若驚的關說，造成後悔莫及的承諾，文筆優良的同學很多，自認為乏善可陳的我，如今只有努力的來做，集成雲開隨筆交貨。

## 元　旦

祝賀新年來報到
大家高興齊歡笑
家人齊聚吃年糕
新的一年開始了
的確慶幸身體好
一帆風順活到老
年歲雖然又增高
快樂點燃沖天炮
樂飲美酒不能少
無憂無慮樂逍遙
比起昨天更美妙

## 除夕圍爐

除舊佈新在今夕
夕陽無限要愛惜
圍爐舉杯互道喜
爐炭火紅暖無比
大塊吃肉養身體
團聚氣氛樂無敵
聚集乃因向心力
樂在臉上笑嘻嘻
無限暢談說自己
比起去年更甜蜜

## 玉帶格賀年
### 祝金鼠年萬事如意

時間已來到祝福大家好
二零二零年金鼠來報到
今年的生肖鼠非常奇妙
雖然年過一年歲月催老
也經歷過千萬煩事煎熬
但也能達到事事順利笑
盼望來年都如意病不找
平安健康如意壽比天高

## 賀　年

鶴頂：二零二零讚到底
玉帶：一零九年好無比
鼎足：心滿意足富有餘
二零一九過完一年真開心
零煩惱加憂愁零但財庫滿
二零二零一零九萬事如意
零顧慮並且整年銀子充足
讚是目前住行好衣食豐富
到處光鮮病痛無但歡樂有
底可高升樂無比年年有餘

## 元宵節

祝賀元宵節來到
元氣充足福壽高
宵夜習慣要拿掉
節氣應景湯圓包
吃碗酒釀湯元宵
湯汁味美有情調
圓圓滿滿碗中撈
一年一月一分秒
生活無憂身體好
都是滿面微帶笑
圓圓滿滿人生道
圓中有圓真美妙

## 情人節

願意相互把愛送
天荒地老永跟從
下世再點喜燭紅
有緣千里來相逢
情有獨鍾有始終
人人嚮往心相同
終究有緣苦樂共
成為眷屬圓美夢
眷戀時期拉滿弓
屬意人入懷抱中

## 婦女節

祝福不得不表露
天下婦女大付出
下班以後忙下廚
的確讓人很佩服
婦德婦容都得顧
女性撐起半間屋
佳餚美酒鮮果蔬
節日到來需慶祝
快說今天不必煮
樂得三八享清福

## 勞動節

祝福勞工身體好
天下所有的同胞
下工以後把茶泡
勞心勞力有創造
工作用心又勤勞
勞資誠心肝膽照
動作確實技高超
節日到來心歡笑
快快舉杯互道好
樂把美夢作目標

## 青年節

偉大青年無得比
大哉愛國有志氣
黃興率眾來起義
花樣年華肯出力
崗上永留魂魄地
烈士被後人永記
士兵高舉正義旗

## 母親節

母愛實在真偉大
親手撫育勝過爸
像極天使維護家
月光洗滌心中雜
亮出智慧斬亂麻
一生只為它她他
樣樣麻煩都不怕
照常辛勤為著家
亮光引導無驚嚇
我要大聲謝謝媽
家中不能沒有她
門內母愛像彩霞
窗內顯露溫暖家

## 端午節

祝福歡渡五月五
大家不必去九如
家人協力包粽煮
端午雄黃艾菖蒲
午後龍舟競賽渡
節日紀念屈原叔
快拋香粽飽魚肚
樂得魚兒不近叔

## 護士節

向陽花開真燦爛
全心全力吐芬芳
天使愛心醫院忙
下班以後全身酸
的確辛勞無法講
護理服務各病床
士為知己者擔當
致上感謝的眼光
敬重遵守其專長

## 父親節

祝福父親不能少
全部付清還有找
天下孩子有依靠
下到廚房把菜炒
的確有爸沒煩惱
父是舵手又槳搖
親情溫馨那裏找
快點獻上一塊糕
樂得父親開懷笑

## 中秋節

祝賀歡渡八一五
大有人在外地住
家人齊趕回鄉路
中秋月圓照玉兔
秋收冬藏無後顧
節日歡聚齊圍爐
快切月餅喜端出
樂得大家享口福

## 教師節

祝福九月二十八
福氣賜給老師他
全心盡力傳授下
天天黑板粉筆擦
下課趕緊喝口茶
教導學生不靠罵
師承孔子施教法
愉悅桃李滿天下
快謝師恩真偉大

## 重陽節

祝願老人多智慧
大有可為挺直背
家中老人需多陪
重新年青難追回
陽光照耀望春歸
節日來到心花飛
快意生活保養腿
樂把經驗傳小輩

## 雙十節

中華民國永存在
華麗國旗不被埋
民生族權入憲來
國民心裏笑開懷
生日乃熱血換來
日常生活笑顏態
快來延續國魂脈
樂看旗幟遍地開

## 詠國旗

青天白日永在世
天廣地濶視無界
白色光芒亮度最
日日生活過得美
滿目迎風揚秀麗
地大物博泱泱國
紅色熱血染成旗
萬旗要比山岳永
歲歲飄揚旗永在

## 紅寶石婚

慶幸兩人皆到齊
賀喜原班人沒移
結婚並非是演戲
婚後必須各盡力
四季週而復始抵
十分感激不嫌棄
四眼對視永不膩
週年紀念真歡喜
年紀漸老愛身體
紀念日子不忘記
念記十月一十七

## 2021 年是我的金婚

樂事需靠己營造
活力充沛沒煩惱
下崗以後真逍遙
去掉憂愁盡美好
牽手幫我築愛巢
手巧築得很牢靠
到處都有樂事瞧
金不換我開懷笑
婚齡長久需牽牢

## 光復節

慶典日子又到了
祝賀生活過得好
台民脫離日施暴
灣仔原被鄙視瞧
光復之日終來到
復掌主權眾歡笑
節日感念烈士造
要讓大家都記牢
珍惜當下不可驕
惜福造福標竿跑

## 國父誕辰紀念

國父孫逸仙偉大
父為中華民國爸
誕生為來救中華
辰星繁雜亂如麻
不能罔聞僅靠他
能者多勞不是假
忘不了他仗義俠

## 行憲紀念日

中華民國真偉大
華夏民族個個佳
民國成立帝制垮
國必努力延續它
行至明年一定發
憲政治國好辦法
紀念民主體制下
念記愛拚目標達
勝過逆境不犯傻
利潤全數歸大家

## 聖誕節

聖嬰降生馬槽裏
誕生是為來救你
快來愛主敬上帝
樂把身靈預備齊
新的一年將要抵
年紀又將增加一
蒙主照顧好福氣
恩典跟隨永不離

## 十個字寫的迴文詩

冬夜圍爐炭火紅熱煙衝
冬夜圍爐炭火紅
爐炭火紅熱煙衝
衝煙熱紅火炭爐
紅火炭爐圍夜冬

註：迴文詩的讀法
第一句：使用前七個字
第二句：第 4 字至第 10 字
第三句：把第二句倒著唸
第四句：把第一句倒著唸

感謝同窗的大夥，看完冗長的拙作，在學校沉默的我，不善言辭的表露，並非是我太冷漠，只是靦腆的不說，高興的相聚一桌，表現乾杯的灑脫，相互道聲要樂活，盼望著把手再握，畢業六十年辦桌，聚在一起的仍多。

# 早安貼圖有感

張清民（藝術系）

　　有人說：找一個理由，和同學見一面，只想彼此關懷，一聲戰友，一份關切，情誼綿長！

　　每天早晨賴出"早安貼圖"給同學好友，不為別的，只想問候，天天安好，平安健康！早安問候也成了同學好友彼此交流互動不可或缺的方式。隨著電腦資訊的發達，人手一機，或引用、或下載，精美圖片、文案滿天飛，有人拍照上字自製，都可輕鬆上陣，傳遞訊息。

　　傳出後，有回覆很好，已讀亦可，若石沉大海音訊全無時，若是有事繁忙，出國旅遊時，事後都必有回應，最擔憂的是接連沒有消息或接獲家屬代回時，不免唏噓！

　　起心動念製作"早安貼圖"民國 103 年起迄今有七年多，每日一幅有二千多篇。喜愛拍照，出門必相機相隨，風景、人物、美女、美花……一一入鏡，電腦容量大，分門歸類，豐富了檔案夾，方便取用。配上文字，製成貼圖。

　　出門拍照時需上山海邊，出外行走，可鍛鍊身體，又不同景物交換，精神舒爽。一舉數得，可三五同好同行，家人親朋歡聚，其樂融融。

　　從攝影拍照中，亦能體會人生道理，當站在山頂上時，看著山腳下的人都很渺小；當站在山腳下時，仰望著山頂上的人也是同樣的渺小。人生不也是一樣嗎？！

好東西要分享，多年製作的早安貼圖，好友同學不棄，歡迎轉傳，一傳再傳，反映甚佳，有人每早必看，缺一日不可，這也是不斷自我鞭策的動力。在這耄耋之年找一個理由，有一方園地，跟同學好友互動，只問耕耘不求收獲，自得其樂，格外芬芳。有同學在的地方，就是風景最美的地方！

# 附錄　轉介〈老年對人生的心態〉佳文分享

此文為許瑞雲醫師所著。他曾為美國哈佛醫院主治醫師，西醫後接觸中醫，專門研究「自然療法」與「能量醫學」推廣不用藥，能量運動能使人遠離疾病。他對老年人心態的體悟，個人深有所感：人老了！慢下來、靜下來！聽一聽花開的聲音、枝頭上鳥兒的歌唱！享受大自然的恩賜。日出日落自然事，別見夕陽嘆暮遲，盛衰本來有交替，夕去朝來總有時！

## 〈老年對人生的心態〉原文

人生步入老年，是可遇不可求的福氣。這個福，是自然自在的衰老過程和形式。

長壽，被嚮往；養生，被推崇；百歲，被期望；一生被名利所折磨，奔波的人們，又開始忙於琢磨如何長壽？

於是，又開始折騰起自身來了！於是，高人全出來了！專家說、學者說、醫生說、禪師說……。講動的、講靜的、講吃素的、講拍手的、講泡腳的、講打拳的、講爬山的、講戒酒的……。聽來聽去，彷彿是越活越不會活了？試問一下，這些說教者，他們自己長壽嗎？！

　　長壽的條件，天好地好人也好，如此奢侈，能自主嗎？長壽的要素，遺傳、習慣、性格、心態。如此複雜，能優選嗎？你問問山村的老農吧？他們不懂養生，只求謀生；不懂健身，只愛勞動；不懂休閒，只慣安眠。你問問百歲老人吧？他們大概連半套養生也講不出來，講出來也未必符合標準！他們反倒有愛喝酒的，常抽煙的，吃肥肉的，從不體檢的，很少洗澡的……而且，多是經歷艱難，不輟勞辛，一生粗衣疏食的人。哪個活法長壽？

　　老人的退化，應視為正常，何必當病變？天天測血壓、量體重，形成負擔，為此食寢不安反生大患。

　　抗衰老？衰老豈能抗，天下哪有長生不老的妙藥靈丹？

　　真善美，第一是真，有真才有善與美，素面朝天是自信的美；薄施粉黛是自尊的美。

　　敬畏生命，過度的治療，得到的是無尊嚴無意義的生命。人生苦短，半百是短，百歲還是短。人生來去，不過是幸運和遺憾的往復，不外是美好和煩惱的轉換。過去的感恩，未來的祈禱。其實，能屬於自己可以自主的東西很有限。暴殄天物，大自然的報復多麼迅速驚心。安居樂業，似乎到了跟前，忽地又走遠了！

　　老年之福，不由主觀的設計、策劃。老來之福，在於隨遇而安，及時行樂。一切的一切，恰到好處，缺了不可，過了便錯。生命的品質與數量的統一，品質第一，數量並不是生命的唯一追求。

　　長壽的前提是自理，是少麻煩他人。孔子所言：長壽多辱，「辱」就是失去了尊嚴。優雅地老去，那是文化的境界；體面地老去，那是物化的支撐。二者的內涵太講究了。

　　還是心平氣和從容地老去吧！過你喜歡的生活，喜歡你過的生活！

　　很難給生命增加時間，但可給時間增加生命！

# 春　暉

張嵩懿（音樂系）

慈母手中線，遊子身上衣；臨行密密縫，
意恐遲遲歸，誰言寸草心，報得三春暉？

〈遊子吟〉唐・孟郊

## 一、純樸鄉村的農家女

　　家慈張李素女士，西元 1917 年（民國 6 年，歲次丁乙年 11 月 8 日）生於南投縣草屯鎮中原里「下崁仔村」。當時村民 80% 務農。遵循早期農業社會「日出而作，日入而息」的傳統習性。外祖在當地擁有約七甲半田園。他為人忠厚，樂善好施，曾任日治時代「保正」（里長），頗孚眾望。育有三男三女。古人不重子女教育，故不入國民學校。家母居次女，大姊是瘖者，幫助家務工作能自警覺，殷勤不敢懈弛。春耕、夏種、秋收、冬藏，無論育苗、插秧、除草、施肥、割草、割稻、曬穀、倉儲等無不親自參與。但她最排斥則是捲起褲管，跪在稻田裡除草。因偶有鱔魚、泥鰍、青蛙、蛇等出現，讓她身心畏懼；尤其吸血水蛭更感恐怖。其次篩穀也是家母不喜歡的農務。因夏日炎陽高照，暑氣難消，汗流浹背已不舒服。而當風穀機轉動，穀糠、屑塵隨風飄散，沾

黏身上，更讓她苦不堪言。

　　家母身高 160 公分，身材標緻，眼睛圓亮，耳垂厚重、賦性聰明，溫存端莊。曾勤學女紅（縫紉、刺繡），才藝及糕、餅、粿等民俗食品。長輩嘉之曰「賢慧」。

## 二、賢妻、良母、好媳婦

　　家母循傳統習俗，於二十歲于歸至草屯鎮坪頂里七股村。此村居草屯鎮「虎山」丘嶺上，屬勢較平坦的村落。住戶僅張、李兩家族。推估先人在此落戶迄今約 200 年。早期，樟樹、相思樹與桂竹為產業主流，如今，樟樹和相思已被砍伐殆盡，僅存一棵樹高 32 公尺，樹圍 8 公尺，樹齡約 1,600 年的「樟樹公」，為台灣最老樟樹神木。而桂竹、竹筍仍受喜愛，歷久不衰。

　　七股村族群素以勤儉著稱。民國 40 年以前居民住「土埆厝」，夜晚點水油燈，喝山泉水或雨水，生活清苦。但族人克勤克儉，代代相傳，且和睦團結，故日子過得尚稱安定。然子女漸長，時代，環境與社會亦隨著改變。當民智開啟，為就學方便，族人逐漸遷往草屯鎮市區。家父在我六歲時，舉家遷至草屯鎮街上。而故鄉的「土埆厝」則毀於民國 88 年的「921」大地震。

　　定居於草屯市區後 15 年卻無電缺水，幸後來迎刃而解。當時所住係老舊的磚瓦房，屋內泥地四凸不平，逢雨上面滴水，地面淹水。然家母卻處之泰然。當時屋外周遭是稻田。有條灌溉小水溝，水質清澈，方便洗滌家具衣服。家母回想

居七股時說：每天須提著滿籃骯髒衣物，跋涉於彎曲陡峭山林小徑，遠至山谷底溪水清洗。家中幼兒有時只好請對面老伯母幫忙照顧，而尚在襁褓的嬰兒則揹著去洗衣物。洗滌完成，返家已近中午，接著就要煮飯、餵豬以及操作其他家務。

　　40 年代尚無洗衣機、清潔劑，洗衣物時只能以「粗肥皂」或「鹼丸」，再用手揉、搓、擰乾。經年累月搓洗，手指縫受鹼水浸漬與浸蝕，飽受破皮腐蝕之痛，但家母仍是認份、認命，未聞怨聲。對所育養的六男一女，除撫養平安成長，且又設法使之完成各級學校教育。當中長子與老么相差十五歲，換言之，老大大學四年級時，老么剛入學國小一年級。在長達二十幾年教育階段，其艱辛歷程恐非三言兩語足以道盡。幸好為人子女都能知上進，祇要有任何品學績優表現，就是家父母最安慰與快樂的事。

　　家母會裁縫。憶兒時每逢過年，我們所穿的衣服都是家母一手剪裁製作。平日她也經常免費幫親友小孩縫製衣服。家裡至今尚存的一台舊型腳踏式縫紉機，就是當年家母的嫁妝。

　　此外，家母還會做多樣糕點。舉凡民俗節日食品，如蘿蔔糕、年糕、包仔粿、紅龜粿、肉粽、麻糬、米苔目，無一不會，無一不精。猶記民國 51 年端午節前一天，家父母攜帶咱家肉粽上台北，參加長兄大學畢業典禮，並將肉粽提供室友分享。當時同學吃了讚不絕口，並說：畢業後要到草屯家裡打擾一番。家父母微笑點頭示好。長兄陳述：那一份親情是父母對子女之愛，讓我永生懷念。

# 三、體恤子女　加強保健

家父於日治時期曾受高等科教育，亦進修漢文。他通日語、北京語及閩南語。台灣光復後，曾任草屯鎮土城國民學校老師多年，並兼任私塾教師。亦曾任木材工廠、醬油廠會計主管。家父一生勞苦，拿鋤頭又拿筆桿辛勤工作，只為生活與養育子女。年屆 60，即過含飴弄孫的清閒生活。政府開放觀光後，即赴日旅遊。而此也是他僅有的一次出國旅遊。他於 72 歲時，不幸因肝癌過世。當時家母七十歲。

可能因家父早逝，生活簡樸的家母乃加強自己身體的保健。積極參與外丹功運動，二十年如一日；除受天候影響，從未間斷。其恆心毅力令人敬佩。家母逢人常言：年紀大，只要是活著一天，就要保持身體健康、行動方便；倘要回去（往生）則希望要快，不要拖累子女和晚輩。蓋家祖父母晚年都與家父母同住，且臥病多年，當時家母對老人家都殷勤侍候。有一日，小姑返娘家探望祖父母，進門時正巧目睹家母揹著祖父代步行動，使她不禁熱淚盈眶。因此家母現今竭力保健，即在意圖減免子女長期照顧臥病時之苦。其體恤子女之心，怎能讓我們不由衷感恩？

# 四、出國觀光　遨遊四海

家母日常生活規律又勤於運動，身體硬朗，得以有更多機會出國觀光。曾有日韓、歐洲、中國大陸、美國、紐澳之

旅。而每次旅遊均有子女、媳婦同行，以沿途照料起居及安全。其中紐澳之旅，由女兒及總統府同事同行。行程至紐西蘭，在搭直升機登高峰觀賞冰河時，自稱不怕，好看。86歲時，旅遊美國大峽谷等景點，由任護理長的媳婦與一群醫師同行（安全無慮）。歸來也說:完全不怕，很好玩。大陸之旅時，遊紫禁城、故宮、天壇、登長城（居庸關）、走盧溝橋數獅子時，也自稱不累。日韓之旅時參觀古蹟、名城、賞櫻花，也自稱好美。東南亞之旅有新加坡、泰國之行。有一次家母曾拿她與美女合照相片問我：水麼？我說：水！她卻說:是人妖。

　　長兄在1993年升任彰化銀行倫敦分行經理後,翌年趁清明節返台掃墓時，順便帶家母往倫敦僑居地稍住。於同年中秋奉送返國。此期間家母飽覽英倫風光。足跡遍及倫敦區各觀光景點。舉凡肯辛頓花園、海德公園、攝政公園、綠色公園、聖傑姆士公園、白金漢宮、肯辛頓宮、西敏寺、聖保羅大教堂、倫敦博物館、倫敦大夥紀念碑、倫敦塔橋、國家藝廊、海軍總部拱門、大鵬鐘、國會大廈、天文館、杜莎夫人蠟像館、維多利亞與艾伯特博物館、自然史博物館、艾伯特演奏廳、格林威治天文臺等名勝。

　　旅居英國期間，家母常乘紅色雙層巴士、黑色計程車遊逛市區街景，自覺得很過癮。搭深入地下三十多公尺的地鐵，穿梭各景點時，直嘆新奇如入迷宮。而在乘坐高速火車至愛丁堡、伯明罕、利物樸諸城市時，視覺享受英國田野美景。在亨利八世皇宮園區，乘坐穿著古裝馬車伕駕駛的古典豪華馬車時，直呼很有尊貴的滿足感；並稱此生可說地上、地下、

水上、天空各種運輸工具都曾搭乘，極感欣慰、得意與滿足。也曾參觀倫敦、劍橋、牛津等大學。對邱吉爾、莎士比亞故居的雄偉建築也留下印象；雖然她對彼等人物的生平背景「莫宰羊」。

總之，旅居倫敦時的多采多姿，讓家母喜樂幸福，算是我們為人子女對慈母從年輕到中年時吃苦、耐勞、盡職、守分的回報，也是她人生的福報。

# 五、平凡人生　安樂晚年

家母平日居住草屯故居，偶而赴台北、桃園小住。90高齡時曾小中風，才停外丹功操練，行動須賴拐杖，幸有子女媳婦孝心護持，故老人家心境依然樂觀。另在96歲的某日，與外曾孫一起趕小白兔餵草時，不幸跌倒致臀骨斷裂。送醫開刀後雖平安整治成功，惟元氣大傷，至今仍行動不便。現雇有看護，子女們也每週固定輪值陪伴；孫輩如出差中南部，均會繞回草屯前往探望，共享片刻歡樂。

家母自幼乖順，熟諳稼穡。于歸後，相夫教子有方，為標準賢妻良母。又勤檢持家，孝順公婆，刻苦耐勞，曾獲南投縣模範母親表揚。她一生苦盡甘來；先憂後喜。如今子女學有專精後，均成家立業。如長子曾任彰化銀行總經理、華僑銀行董事長、寶來投信公司董事長、元大銀行董事長。次子曾任台灣省水汙染防治所所長、台灣省政府環保處副處長、環保署督察總隊副總隊副隊長；三子曾任陸軍上校；四子曾任第一銀行南投分行經理；五子曾任東元電機公司主

任。么子曾任新光保險公司經理；獨生女曾任總統府專門委員、行政院陸委會參事。媳婦們有任職教授、教師、護理長或行業要職。家族內妯娌相處長幼有序，形同姊妹，未嘗齟齬。逢年過節及生日、母親節，均有大型聚會餐敘，四代同堂，歡樂融融。

# 鳥人鳥語　鳥來鳥趣

梁立凱（新聞系）

退休後，權責兩輕，時間自由、空間自在、行動自主、生活自立、健康自保，真個是輕鬆自如、愉悅自樂、怡然自得。

想想，山野鄉林，一向所好，政校唸書時，常上大屯山，花草為伍，蟲鳥為伴，觀雲聽風，臨壑賞瀑，覺得很開心。如今身無羈絆，週休七日，正好舒心逍遙，喜歸自然。

心念動，立馬動。凡夫俗子，草民一介，大事沒得管，閒事不必管，就管管鳥事吧。

以前看鳥，就只是鳥，什麼鳥都是「鳥」。進入鳥界才知，鳥事，不簡單。

唐代詞人張志和，寫過「西塞山前白鷺飛」（漁歌子），當時只想其意境之美，現在則會追問：那是啥鳥？小白鷺？中白鷺？大白鷺？唐白鷺？黃頭鷺？琵鷺？還是變裝的蒼鷺？紫鷺？夜鷺？池鷺？

看雞，以前只懂火雞、來亨雞、花雕雞、鹽酥雞，現在才知雞外有雞：竹雞、深山竹雞、白冠雞、紅冠水雞、秧雞、緋秧雞、白腹秧雞……

看鴨，以前只會土鴨、番鴨、板鴨、唐老鴨，現在發現，雁鴨多到哎呀呀：潛鴨、巴鴨、棉鴨、尖尾鴨、琵嘴鴨、斑嘴鴨、羅文鴨、小水鴨、赤頸鴨、黃麻鴨……

有一次在大屯公園，水塘裡雙鴨並游。有人興奮大喊：「快來看，鴛鴦！鴛鴦耶！」我在旁不敢笑，因自己也曾傻傻分不清，錯點鴛鴦譜。其實，那是一對綠頭鴨。

管鳥事，得先親鳥知鳥識鳥，最好拍照存證，避免誤認。方案既定，擇吉開張，師法「木蘭辭」：機機復機機，東市買相機、西市買手機、南市讀卡機、北市覓鳥跡，外加腳架、雲台、長鏡、倍鏡、記憶卡、快門線……中階裝備，夯部瑯噹，花掉十幾萬兩銀子。

值不值？老伴說：「以前幫孩子買玩具，從來沒皺過眉，現在為自己買個爺爺玩具，有何不可乎呢哉？」

這話在理，無懈可擊。因此，她也比照同標準買了一套。十幾萬銀兩，又飛啦。

拍鳥，喜交許多新友。士農工商軍，老中青幼殘，志趣相投，談攝影，論鳥經，零距離。對方姓啥名誰？嘸哉啦。但，何妨？一樣嘻哈甚歡。

拍鳥，到處趴趴走，雖非火裡來、水裡去，倒也常翻山越嶺、行船走水。前些時，景美恆光橋下，來了一隻北方稀客──藍喉鴝。瞬間，大軍雲集，百砲齊發，現場成了水陸兩棲特訓中心。鳥友敬業，取景講究，不避勞苦，夜半卡位，「兩足如鳧鶩，終日在煙渚」，沐風頂陽，喜做願受，忍者無敵，甘之如飴。

拍鳥，學習靜心養性，享受過程之樂。有鳥拍鳥，沒鳥拍景，沒景看人、看生態、聽音樂、練舞步。抱元守一，心平氣和，一卷在手，一茶入口，更無閒事掛心頭，便是人間一品侯。

拍鳥，跋山涉水覓禽蹤，穿林越徑尋鳥影，體力視力，如同腦力，越動越給力，至今讀報開車，不需眼鏡，不知是否拜賞鳥之賜。果真，那就太感恩了。

曾遇多位軍中前輩，年逾八十，照樣重裝上陣。也見身障者，由家人陪同，坐輪椅拍鳥。還有越來越多的婆婆媽媽，手持輕便相機，返老還童，拍得喜孜孜。此正體現了一句老話：好好愛自己，每天自在樂活。

拍鳥，需鳥運，更需狗屎運。有時枯候終日，一彈未發，有時鳥運突來，忙到手抽筋。

帝雉，霧中王者，千元大鈔上的國寶鳥，行蹤隱密，上大雪山數次，都無緣得見。問管理站人員，他們也搖頭直說「難難難」，以為沒希望了。那曉得，某年某月的某一天，霧濛濛，傍晚下山，路彎處，驟然撞個正著，公母雉同時見客。哇，美呆了。驚顫中，火速就射擊位置，快門達達達按到冒煙。這真像作夢：眾裡尋牠千百度，驀然回首，那鳥卻在燈火闌珊處。

鴛鴦，美麗珍稀，優雅風華，常神遊夢中。鴛鴦浮弄嬋娟影，羅窗惱破鴛鴦夢，如此仙子，何日來儀？想著唸著，緣分到了。某個春風桃李花開日，鴛鴦數隻，現蹤宜蘭。聞訊大喜，飛馳奔往。主角超配合，鴛鴦戲水、鴛鴦交頸、鴛鴦小王，全都入鏡。太爽叻，當下昂首正步，吹著口哨回家。

拍鳥，見到大愛。親鳥育雛時，會巧妙取材築巢，辛苦覓食、餵食、除便便、誘導練飛離巢，還會張開翅膀，為孩子蔽日遮風擋雨，遇敵則搏命護家。牠們沒上過學，不會讀書，無行家教導，但該做的事，都會。滿滿的愛，全為了下

一代，即使孩子羽豐，一去不回，依然全心全意，無怨無悔。

　　賣瓜說瓜甜，拍鳥說鳥美。瓜甜不甜，吃了就知。鳥美不美，拍了就痴。痴，不是普通的痴，是上癮中毒的那種著痴。

　　甘有影？歡迎入列，試看麥。有溫暖的心、美的情懷，看什麼都美，擁抱什麼都溫暖。

# 古稀抒懷

郭年昆（政三班）

　　一般人談到年歲，四十不惑，五十稱半百（知天命），六十是花甲（耳順），七十號古稀（從心所欲，不踰矩），我年逾古稀將半，已勝孔聖人多矣（孔夫子壽七十二）。比之昔賢，回首往事，不勝感慨系之。打從進幹校起，于役軍旅四十餘載，多為負責國軍政教、政訓、文宣、心戰等工作之擘劃與執行，雖困心衡慮，孜孜矻矻，然事勢窮蹙，邪妄擋道，思有所作亦戛戛乎其難哉！而今軍心如此，民心如此，政戰如此，真愧怍莫名，尚有何可說耶！俱往矣，能全身而退亦唯感恩而已！解甲倏忽也已十餘年，爰就生活所感，打油抒懷，自熹而已。

其一　彈指韶光逝，剎那容顏老，
　　　寒暑復寒暑，「放心」何處找？

其二　恍恍來世間，惚惚歸塵土，
　　　人生概如是，勘破即是悟。

其三　得卸仔肩，山林終老，悠游閒適，讀書看報；
　　　逢時遇景，隨興逍遙，煩惱盡拋，歲月靜好。

　　猶記得入伍時教唱的軍歌：「男兒立志在沙場，馬革裹屍氣豪壯，金戈揮動耀日月，鐵騎奔騰撼山崗，頭可斷，血可淌，國家疆土不可喪，挺起胸膛把歌唱，唱出勝利的樂章」。如今歌已遠，聲已渺，鬢已星，人已老。唯俟諸後輩，再興豪情，再啟壯志，發揚踔屬，以光前裕後。願天道好還，佑我中華，重光禹甸，復我邦家。阿彌陀佛！

# 雜菜湯

陳清茂（政一班）

　　頃接會長陸訓兄來電，要我寫一篇短文。說句心裡話，我既興奮又惶恐，興奮的是，承蒙洪兄瞧得起；惶恐的是，寫文章對我而言真是不學無術、一竅不通。思來想去，只好將這篇短文取名為「雜菜湯」，既然是雜菜湯，那就想到哪寫到哪，同學們可別見笑喔！

　　我非常喜愛西洋的一句諺語：Never too late to learn！依稀記得，有次同學會，光勳兄說：「我們人要不斷的學習，才會進步！」老祖宗不是也告誡我們嗎？「活到老學到老！」話言至此，我得舉出個人的一個例子與同學們相互勉勵。60歲那年，我才開始學習二胡、鋼琴、日語、書法……到目前為止，雖然難登大雅之堂，但姑且尚能自娛娛人。說一件自己都覺得汗顏的事，在我教唱的中國詩詞吟唱研究班裡，就摻和著日語歌曲。既然談到中國詩詞，那就請容我瞎掰幾句：一首扣人心弦的好詩，一闋美麗動人的好詞，它之所以能流傳千古，是因為它能讓我們有所「感受」，也能讓我們有所「獲得」。感受是「藝術價值」，獲得是「哲學價值」，前者能美化我們的人生，後者能擴張我們的思維領域，並能促進人際關係的和諧。語云：「腹有詩書氣自華」，多讀詩詞，生活將更加美好！

　　在我的生活領域當中，除了詩詞外，我還特別喜愛對聯，

或許因為我是天秤座，凡事追求完美，所以真正能打動我心弦的並不多。記得大約在民國 97 年，我雲遊車城鄉福安宮，在鱗次櫛比的對聯裡，我如獲至寶的赫然發現這幅對聯。上聯是：「正氣凜然三綱有紀不容褻」；下聯是：「神威顯赫六法無私莫犯規」。又約於 40 年前，在台南的「竹溪寺」目觀我「個人」認為喜愛的對聯。上聯是：「竹葉灑甘露點醒天下迷夢」；下聯是：「溪水滌凡心洗盡人間塵緣」。一年前我遷居台南，聽友人告知，竹溪寺早已重修整建，真想舊地重遊，極切盼望那幅對聯尚在。

對於所謂的新詩，我喜愛的很少。如徐志摩的〈再別康橋〉、〈翡冷翠的一夜〉、〈愛眉小札〉……以及胡適的〈也是微雲〉：「不願勾起相思，不敢出門看月，偏偏月進窗來，害我相思一夜」。

或許由於我喜愛這些詩詞，使得我一直保有一顆年輕的心。記得有一回上課，我向同學開玩笑的說道：老師永遠都是 33 歲（我是 33 年次）。

林語堂有句話說：演講要像女人的裙子一樣，越短越好。我認為文章亦然。所以最後我想以一首我最最最喜愛的新詩作結。

## 遙　遠

童年時　我覺得成長很遙遠
屋後那條小溪一直那麼深
也那麼急

放下的紙船我常來不及追趕

少年時
我覺得愛情很遙遠
鄰居那個長髮的女孩從門前匆匆走過
沒有回眸
留下的倩影卻深印我小小的心田

青年時
我覺得理想很遙遠
只用一把傘卻要抵抗不停的風雨
一雙雙芒鞋要踩遍滿地的荊棘
我絕不是一朵溫室的花
因為我在泥土中長大

中年時
我覺得往事很遙遠
歲月如紙船般的隨波而去
長髮的女孩早已挽髮為髻
傘已高掛　芒鞋收起
以前所謂的　遙遠
如今卻成為　過去　我常在溫馨的夜晚
捧著一杯熱茶　對身邊的妻女
娓娓回憶

　　附記：

　　我政戰學校畢業後服役 10 年，于陸軍少校退役後轉任公務人員，曾在高雄縣政府及橋頭鄉公所等單位服務。民國 86 年 3 月調至梓官鄉公所擔任人事主任。由於對中國古典文學有深入研究，獲得公所同仁的推崇，抱持「好東西要與好朋友分享」的心情，於 7 月底帶領公所同仁成立了「詩詞吟唱研究班」，為現代人貧乏及忙碌的心靈找到一個精神寄託。當時每星期二下午利用公餘時間上課，一開班就受到同事們的熱烈反映，基本成員就近 20 人，令我感到十分欣慰。

　　當年（民 86.8.26）《中央日報》記者楊淑芬曾做了有關的專題報導：「陳清茂滿腹詩詞又愛唱歌，個性儒雅、淡泊名利，與愛妻兩人平時吟詩作對，鶼鰈情深，令人羨慕。」還特別強調：陳清茂成立該班主要的意義是藉由吟詩歌唱聯繫同事們的感情，大家培養共同的興趣，替現代工商業社會注入一股清流，讓中國優美的古典文學得以傳承，也讓急功好利的現代年輕人體會中國文學之美，洗滌心靈的塵埃。他「不刻意追求錢財，養育二子一女，均相當傑出，令他無後顧之憂，只追求健康快樂的人生，人生至此夫復何求？！」

# 青雲談退休生活中的雀戰

游昭仁（政三班）

　　同學錦璋兄曾在本期部落，格發表一篇〈我的退休生活〉，不論在飲食、運動、保健、心靈充電、社交應酬方面都有所描述，青雲佩服他詳盡的規畫與實踐的毅力，相信錦璋兄一定可以活得長命百歲。不過其中他特別強調方城之戰及跳舞二項，未列入待學計畫，青雲有感而發，特為文回應。

　　1990年初青雲由聯勤物資署政戰部主任（其後改編為國防部軍備局）轉任退輔會台東榮服處總幹事，其實當時是規畫要在台東參選增額國代（註1）。90年代台東榮民實力堅強，三席國代名額中，黃復興黨部可以確保一席當選。但到任後發現；在那黨政不分的年代，總幹事其實也身兼黃復興幹部身份，負有輔選之任務，想從抬轎者角色轉變為坐轎者，可能會擋到某些人利益，果然在表明參選意願後，即遭來自各方之壓力，總幹事任滿一年，就平調花蓮就業訓練中心輔導組長。

　　花蓮就業訓練中心原本是專責退除役官兵就業訓練的單位，全盛時期聽說常態維持兩千多位榮民在那裡接受農、林、漁、牧的專業訓練，甚至連如何做燒餅、油條、豆漿、饅頭的技藝也都有傳授，不過青雲到任時，已沒有在那裡接受就業訓練的榮民了，因為，即令是十幾歲就隨軍來台的小伙子，那時候都已接近耳順之年，可以申請進榮家飴養天年了。行

政院研考會在年度視察時，發現這樣一個已達成階段性任務的單位後，立即要求規劃轉型，否則就要裁撤。經過一年多的籌措，1994 年 9 月，花蓮就業訓練中心正式改編為花蓮榮民自費安養中心（註 2）。

改編後，青雲由輔導組長改任社工組長，在接受專長轉換訓練時，有位授課的學者特別強調：「有人說麻將可以治百病，雖有點誇大其詞，但它確實可以減緩老人癡呆症發生」。當時各榮家是禁止打麻將的，康樂室牆上還貼著斗大的禁絕標語，內住榮民只好以 4 付撲克牌湊合當麻將玩，但總覺得是隔靴搔癢。青雲在退輔會主委巡視安養中心籌辦情形時，特就專家、學者的說法，建議「解除禁止打麻將的禁令」，沒想到意外獲得睿智的裁示：「康樂室可以擺放麻將，供安養榮民休閒娛樂」。從此，眾多愛好雀戰的安養榮民，每天就可以開開心心的在康樂室進行方城之戰了。促成安養榮民可以快快樂樂在康樂室打麻將，應是青雲在輔導會服務21 年的重大貢獻之一吧。

今天特公開青雲當年擬的雀戰守則，以饗同好以及朋友們，同時也告訴同學們，在不影響生計與生活前提下，打麻將其實也可以是退休老人休閒生活的一環喔！

### 雀戰守則

2013 年 7 月 18 日幹校同學及眷屬一行 12 人大駕光臨夢園，對客廳那台全自動麻將桌，以及牆上那幅「尚義堂雀戰守則」特別關注，有的拍照，有的忙抄錄，由於來去匆匆，恐耽誤行程，青雲答應在部落格文章分享「雀戰守則」，提供有興趣的同學參考：

## 尚義堂雀戰守則

麻將乃中國之國粹，中華文化之結晶。其歷史悠久，且變化無窮，包羅高深巧妙之技術，含蘊生剋盛衰之哲理。國人習之，百玩不厭，外人效之，亦感樂趣無窮。為達薪傳火繼，並且增進情誼，爰訂雀戰守則十二條，務祈共信共行，蔚為風氣，共保國粹之精華。

第 1 條準時赴會：不得有讓人乾等之行為。
第 2 條圈數議定：不得有輸急再連之行為。
第 3 條出牌迅速：不得有要死不活之行為。
第 4 條輕取輕放：不得有摔牌拍桌之行為。
第 5 條要吃就吃：不得有猶豫拖拉之行為。
第 6 條叫碰即碰：不得有故弄玄虛之行為。
第 7 條 落地生根：不得有反覆無常之行為。
第 8 條敦重牌品：不得有亮牌誘騙之行為。
第 9 條心平氣和：不得有口出不遜之行為。
第 10 條保持風度：不得有怨天尤人之行為。
第 11 條入廁應少：不得有藉便作法之行為。
第 12 條局終結帳：不得有賴皮拖欠之行為。

註 1：1987 年 7 月 15 日台灣地區解嚴後，黨外運動風起雲湧。「解散國民大會」、「廢除臨時條款」、「召開國是會議」的訴求，勢不可擋。大青雲 19 歲的長兄游昭爐是高中名師，自 1960 年從嘉義女中轉赴台東中學及女中任教將近 30 年，台東縣區到處都有他的學生。加上台東外來移民特多，尤以雲林鄉親最多、最團結，青雲老家雲

林斗六，且與同鄉會理事長頗有交情。1988 年初，青雲接任聯勤物資署政戰部主任前，每晚在台北市國王飯店旁的吳三洙氣功館，勤練氣功及武術，其實是想回第二故鄉台東參選修憲國代，以當時國會殿堂動輒拳腳相向的氛圍，沒有強健的體魄，是無法完成修憲任務的。

青雲順利轉任台東榮服處總幹事後發現，其實台東的榮民、榮眷也是實力堅強，只要獲黃復興黨部提名，自然也是勝利在握。無奈青雲到任前，高層已屬意台東師院一位楊姓女教授，她是花蓮空難事件那位飛行員的遺眷。青雲顧全大局，沒有登記參選，未料這位黃復興支持的候選人，因為還在修博士學位，在選前五天被檢舉具學生身分，遭撤銷候選資格。兩害取其輕，與其讓民進黨候選人當選，不如讓違紀參選的榮民袍澤當選，於是榮民、榮眷票在短短五天內，順利移轉給違紀參選的唐姓榮民，沒設競選總部，也沒印競選傳單的唐姓榮民，居然高票當選修憲國代，當時台東榮民、榮眷的實力堅強可想而知，而青雲接受上級安排調花蓮單位服務，搬離台東，沒有堅持返鄉參選的初衷，從此與政治圈絕緣

註 2：花蓮榮民自費安養中心，位於花蓮縣壽豐鄉志學村台 9 線旁，佔地遼闊、風景幽美，這是一所公立安養中心，專責照顧在台無依，領有月退俸的軍、公、教退休人員。申請入住者每月只需繳交 6,500 元生活費，即可入住 5-6 坪設備完善的套房，並且獲得工作同仁貼心的照顧。關於 6,500 元之收費，記得當時的估算是；伙食費 4,500 元外加文康費 2,000 元，而這些收費一定全部花在安養者身上。

# 思親懷鄉情

楊卓耕（政一班）

　　新冠疫情襲擊全球，使得人們膽顫心驚，除戴好口罩，勤洗手，酒精消毒，保持社交距離，蝸居在家，那兒也不能去、不敢去，心情鬱悶至極，恰逢會長與代春來電邀稿，於是每日一點、多夜數點，匯積點、線、面，有血有淚，有愛有恨，有兒女情長，有歷史文化的鄉愁，有歲月時代的鄉愁，有復興崗的精神，有二代老兵對國家永遠效忠的情操，有同學今生永不磨滅的革命情感，不知能否花好月圓心心相映，在我們的家（復興崗學子的家），我可是卯足老力盡心竭力去完成。不足不美窄陋之處，請同學指正。（此文原含兩部分：民國 99 年回鄉探姊臨別有感；以及兩岸格局在分治 60 年後之剖析與比較，因受篇幅限制，以下只談第一部分）

　　家父楊震寰之大哥楊學禮，為 29 軍名將張自忠手下團長，我曾於大陸撤退前在鄭州見過，略有印象。據父親說，河南溫縣家三兄弟中，大伯念至大學，是從娘家拿錢而後從軍。父親早年赴河北石家莊學藝後入裝甲兵。兩家子弟皆由大伯命名，子弟中間以維字輩排名，加上新中華民國，所以我們兄弟取名為維中與維國，我堂姐則叫維英，在鄭州似曾一起住過一段時間，我那年 6 歲她 15，這次見面已是 61 年後了。小時候常聽 29 軍乃大刀隊之神，有小紅拳之勇。而張自忠外號「張剝皮」，凡是犯上軍風紀，是要綁在樹上刀割

頭皮灌上水銀，如此剝皮酷刑，誰人不怕？所謂軍嚴兵勇，日本軍人最怕 29 軍大刀隊之刀砍；日軍雖敢切腹自殺，但最怕被砍下他的腦袋瓜。

民國 86 年，家兄維中與嫂偕同我妻洪惠赴北京探親，就看到了我姊維英，我因牙痛沒去。另一原因是母親因乳癌病逝台南永康。永康是我第二故鄉，4 年鄉下生活刻骨銘心。母親走的時候年僅 34 歲，父親當時才 36 歲，以微薄之薪撫養我兄弟並兼母職，也終身未續弦。父親在大陸開放後一直想回家，但因經濟考量與病魔纏身而未能如願。他在三總住院時，我白天上課，晚上照顧。我記得很清楚，經國先生那年走了，一個救國團老兵在榮總牆外邊哭紅了眼，淚流滿面，接連說：經國先生七孔流血死不瞑目。我暗想：報紙上竟然有人劃條豬，在上面畫他的像，可恨、也很可惡。我安慰老兵要注意身體，並說：我跟你一樣難過，但是我們要化悲憤為力量。後來父親辦好赴大陸手續，未成行前，又住進三總，日夜忍痛，天天呻吟，我不知留下多少淚水，但幫不上一絲絲的忙，我恨我當時老實的愚智，在父親的病重下，未曾請假，依然赴中興新村一週暑訓，結果去了 3 天，就接到父親病逝的消息，實屬大不孝。

父親一生想回家的打算，始終在心頭，但機票行李一切備妥，卻又住院仍未達心願。此為我不想回鄉潛因，而牙床痛是次因。沒想到 2010 年大陸世博，維英姊一直來電要見見我，但此次去前，哥哥維中已於榮總病危，我雖多次禱告呼求主名，亦不能挽回。可憐的哥哥早期胃癌延誤，切掉全部的胃，多活了 22 年實屬不易，奇巧的是，大陸維國亦在那年

走了，這是我去時聽姊說才知道的，維華改維國，而我這維國自畢業兩年因同名奉上級指示必須更名為卓耕。一生引憾，從軍26年，卻連名字都保不住，一般百姓可怎體會。果不然沒多久，台灣退出了聯合國。回鄉？回鄉？生於河南久做台灣旅，五月漁郎相憶否？怎不憶河南？原意江南風景桃紅柳綠碧水藍之舊曾諳？而我憶的是鄭州布包大銅壺的油茶，味香脆鹹帶甘甜，據說內有花生炒麵加牛骨髓熬燉而成。此次僅到甘肅姐家又黃山、金華，還是沒能到老家河南溫縣招縣鎮。是誰阻礙了我的回鄉路？余光中詩人與星雲大師曾以一生在台辛耕，都曾說為什麼不能讓我融入這塊土地？

以下附上回鄉探姊，臨夜為姊作文與同誼悉知，以示赤心之情也。

「文章代口舌者也輾轉隔礙」，此乃出自韓非子〈說難篇〉。雖與姊說不明，您亦記不清，僅以此表達我心聲癡情。並介引鐵板道人鄭板橋之《道情十首》第一句：「楓葉蘆花並客舟，煙波江上使人愁，昨日少年今白頭，勸君更進一杯酒。」

卓耕幼小隨父別離家鄉，奔遊台灣做了過河卒子，只有拼命向前。一甲子後在北風發發中，嘆嘆寒意白髮歸，乘飛機於半醒中見西北，忽問家鄉可有親人在？個身舊含迷離意，勸君更進一杯酒，陪酒亦令我沉醉，一杯一杯接一杯，不用驚嘆，不用醒。

蘭州相遇勞結償──心悅暢歡，宿人生最豪居招待所，得償60餘年相思親情，正欲開懷狂笑，卻又叫人心裡黯然神傷！追憶父與大伯終身未見，想問一聲冬暖夏涼皆不可得，

何其感傷？大伯與父骨肉之情，此生離如囚永不如償，怎不叫刀刀斷腸？兄維中與國慶見面，悔那年不能同行跟上，今斷腸人他倆未能同奔天涯，卻僅能陰地下渡行，更愴我孤影單行，悲歡離合，多屬寂寞愁悵！

卓耕遊劉家峽一段情──遇黃河母親坦坦蕩蕩，觀劉家峽山河巍峩氣壯，我炎黃子孫今已顯勝萬能電力盛強史實，足証有咱大好之錦繡河山必孕育出好漢奇能。

卓耕看豫州杜楊一家親──姊雖一生勞苦　卻能堅忍如鋼，一步一腳印，含苦如甘，立母儀典範。我妻、嫂皆已全心折服您能耐，暗中痛下學習功才行，所見杜楊家下育四平一全，皆能本著父母風，記起父母一生苦，揚起忠孝節義風，敬業又勤懇，般般文武行，亦屬家和萬事興。

本文為吾姊而寫，它是「歲月與時代」的鄉愁。雖說骨肉親情深似海，但是「戰爭」卻是冷冰冰地阻斷了它的來時路。情到盡時方知少，念到竟頭似無情，不是嗎？我回台不到兩年，維英姊就走了，因故沒能奔喪，今僅寄語永遠的懷念！

# 我對俄羅斯的認識

羅勝雄（政三班）

　　1991 年 12 月 25 日俄羅斯、白俄羅斯、烏克蘭三國總統在白俄羅斯首都明斯克簽約成立獨立國協，一個類似英協的架構來取代蘇聯，除波羅的海三小國立陶宛、愛沙尼亞、拉脫維亞及外高架索的喬治亞外，其餘均加入獨立國協，同日戈巴契夫宣佈除職，將大位交給葉爾欽，19 時 38 分蘇聯國旗在克里姆林宮緩緩降下，代之升上俄羅斯國旗，12 月 26 日蘇維埃宣佈蘇聯走入歷史。俄羅斯獨立後立即對外開放。1992 年 2 月我與工作夥伴搭機赴聖彼得堡教育學院進修俄語一年，兼負工作，1993 年轉到莫斯科直到 1998 年返台。我想就留俄期間自己對俄羅斯的國情，藝術、風俗習慣及其他方面的瞭解，簡單介紹，與同學分享。

## 一、國情簡介

　　獨立後的俄羅斯領土面積世界最大；其資源也豐富。地理位置歐亞大陸的北部，領土範圍包括歐洲的東部和亞洲的北部，大體呈長方形。領土面積為 1,705.54 萬平方公里，占原蘇聯面積（2,240.22 萬平方公里）的 76%。從西部的聖彼得堡到東部的庫頁島時差 33 小時。俄羅斯人口 14,814 萬人，占原蘇聯人口(26,880 萬人)的 55%。其人口總數占世界第四

位；前三位分別是中國、印度、美國。人口密度低，平均每平方公里 12 人，在歐洲部分密度較高，莫斯科市每平方公里為 300 多人，而亞洲部分人口稀少，在西伯利亞密度只有 0.1-0.2 人。俄國境內有一百多個民族，俄羅斯族為多數，全國大多數人信仰東正教。

俄國是一個聯邦制的國家，全境設有 16 個自治共和國（有自己的憲法和立法機構）、5 個自治州、10 個民族區、6 個邊疆區、49 個州、1,836 個區、1,033 個市。全國劃分為自治共和國--自治州邊疆區、州、區三級行政區。

氣候－大概一年約有五個月下雪寒冷的日子，1、2 月最低氣溫零下 30 度，7、8 月 20-30 度適合旅遊，9、10 月秋天遍地楓葉黃色景色優美。

俄羅斯擁有非常豐富的天然資源，包括石油蘊藏量 772 億桶，排名全世界第七；天然氣儲藏量為全球第一，佔有率全球總儲量的 27%，為 48 兆立方米。另外在煤炭方面，俄羅斯也擁有 1,570 億噸的蘊藏量，全球排名僅次於美國，全球市場佔有率為 17%。

## 二、俄羅斯的習俗

俄羅斯在數字習俗與台灣最大的不同，是前者吉利數字是奇數，因此，喜事、慶生、弄璋、弄瓦、榜首送花記得要送 1、3、5、7 朵。遇喪事、探病慰問送花要送偶數 2、4、6、8 朵。

俄羅斯人認為鏡子是神聖的物品，打碎鏡子意味著靈魂的毀滅。打碎杯、碟、盤則意味著富貴和幸福，這和台灣相同。

《Ни пу́ха ни пера》（ㄋㄧ ㄆㄨ ㄈㄚ， ㄋㄧ ㄆㄟ ㄌㄚ），俄語固有成語。它直譯是"連一根絨毛、一根羽毛也沒有"。源自古俄羅斯獵人用語，是祝願獵人滿載而歸的反話。俄國獵人有一種迷信，以為人家祝福打獵順利，就一定不得手，所以人們習慣用《Ни пу́ха ни пера》這句反話來相祝。後來，在其他某些場合也用這句話開玩笑地祝別人順利、成功。如考試前祝應試者《Ни пу́ха ни пера》，考生以"К чёрту"（ㄎㄜ， ㄑㄧㄡ ㄌ ㄊㄨ）（見鬼）回答。

俄羅斯人在路上看到有人提著空桶有不祥預兆，相反的如果桶子裝滿著水，就是好的兆頭。

## 三、俄羅斯人的禁忌

俄羅斯人忌諱"13"，請客從不請 13 個人，結婚避開 13 日；俄羅斯人稱"13"爲"鬼數"，或叫"鬼的一打"。如果一個月中 13 日碰巧又是星期五，則被看成是最不吉利之日。相反，認為「7」意味著幸福和成功。

俄羅斯人不喜歡黑貓、烏鴉，俄國人認為有黑貓從你面前跑過去或烏鴉從你頭上飛過去，那一整天會諸事不順，烏鴉與台灣的禁忌相同。

俄羅斯人有"左主凶右主吉"的傳統思想觀念，認爲左手握手或傳遞東西及食物，都是一種失禮的行爲。因此，遇見

朋友不能伸出左手去握手問好，學生在考場不要用左手抽考籤。否則會抽到最難的題目。

- 俄羅斯人早晨下床不能左腳先著地，否則一整天都不吉祥。
- 俄羅斯人忌送黃色禮品。他們認為黃色表示不忠誠，而藍色表示友誼。
- 非摯友者不能給女人送手套。因為送手套意味著挑釁，古代俄羅斯送手套是決鬥的信號；
- 作客離開時，不可以站在門檻下與主人道別，表示不吉利。
- 忌諱送空包，如要送可在錢包裡放一點錢，有祝福對方永遠有錢的意思；送禮忌諱送朋友刀子，有切斷友誼的含意。

# 四、藝　術

俄羅斯的芭蕾、馬戲團堪稱世界有名，來到莫斯科的觀光客都會欣賞芭蕾舞 —— 天鵝湖和馬戲團表演，每年暑假都會出國公演。

地下鐵藝術化 —— 莫斯科的地下鐵第一條建於 1937 年，現在共有 12 條線路 172 個站，每年運量大約有 32 億的旅客。莫斯科地鐵的總里程大約為 178 英里，平常莫斯科地鐵每天運送大約 820 萬的乘客。地鐵華麗的建築風格有如皇宮；列車停靠高峰時段每 90 秒停一站，堪稱最快的地鐵系統。

# 五、博物館

　　冬宮 —— 是俄羅斯聖彼得堡的標誌性建築，始建於 1721 年，屬巴洛克建築。建成之初到 1917 年羅曼諾夫王朝結束，一直是俄國沙皇帝們的皇宮。冬宮是世界五大博物館之一，是一間擁有 300 萬藝術品五棟相聯的建築，若要仔細參觀要花一個星期。

　　夏宮 —— 位於聖彼得堡以西 29 公里的芬蘭灣，是彼得大帝為了模仿凡爾賽宮，於 1714 年下令建造的，有與凡爾賽宮一較高下的意思，但實際上，這裡比凡爾賽宮美多、壯觀多了。夏宮本身只有約 30 個房間，重點是每個房間用心裝潢精雕細琢的功夫，和宮殿外面大的偌大的庭園和 140 個噴泉。這裡是觀光客參觀的聖地，冬天下雪可在冰上直接滑到對面的芬蘭。

　　聖巴索大教堂（St. Basil's Cathedral）位於莫斯科紅場廣場西南面的聖巴索教堂，這個由九座禮拜堂組合，每一座都各有特色的洋蔥圓頂的大教堂，繽紛豔麗，是俄羅斯最具代表性的建築，是目前世界上唯一的這一型東正教建築，據俄羅斯人說當初教堂建成後，沙皇就命令把建築工人眼睛挖掉，就是不讓世界上有第二座。

　　聖巴索教堂建於 1555-1561 年，是為紀念伊凡四世攻佔喀山和阿斯特拉罕市，並將其併入俄國版圖而建。聖巴索大教堂位於莫斯科紅場西南，整座教堂建築是由 9 座禮拜堂組合而成，主教堂高約 47 米。每座禮拜堂上方都建有造型各異

的洋蔥式圓頂，色彩繽紛豔麗，是俄羅斯最具代表的經典建築。

　　阿爾巴特街–是一條擁有 500 多年歷史的莫斯科老街，位於莫斯科河與紅場（克里姆林宮附近）之間的著名街道，據說古代是阿拉伯人來此的重要市集，慢慢演變成今日文藝氣息濃厚的人行步道區。這裡有珠寶、琥珀精品店、書店、街頭畫家、街頭表演等等，凡來到莫斯科的觀光客必來此一遊。

# 六、對俄羅斯有感

　　俄羅斯在蘇聯解體後無時無刻不在想重返大國地位，普丁總統有其宏遠的戰略願景與規劃，在本身擁有豐富石油、天然氣的情況下，仍為後代子孫著想，積極擴大能源來源，在北極冰層迅速融化的情況下，海底有豐富的石油與天然氣及漁產，於是在 2007 年科學考察團派出「和平一號」與「和平二號」海底探測潛艇，在北冰洋下約 3,700 公尺處，放置了一面鈦製俄國國旗，宣示主權，俄羅斯表示延伸至格陵蘭的「羅曼諾索夫」及「蒙德列夫」海底山脈與俄國境內的大陸岬相連；而根據《聯合國海洋公約》，北冰洋中 46 萬平方海浬面積則是俄國陸岬的延伸，目前俄羅斯派駐軍隊保護權益。

# 伍、修心養生篇

## 提得起、放得下 —— 談修心、養心

王堡麗（新聞系）

### 一、與方甯書老師共修讀《了凡四訓》

這本書是方老師送給本協會（中華民國玉真倫理道德協會）眾弟子每人一冊，老師為渡弟子與筆者相約見面，順便跟師母習畫山與水的技巧，見面時老師桌上放好了點心及茶，老師書放在桌上，《了凡四訓》已褶好第二篇 —— 〈改過之法〉；老師開宗明義的說：「要使生活快樂，就是修行。」這本書是筆者很渴望力行的一本書，也是人生能動的偉大學問，更是治國的寶典。

方老師又說：生活如何能自在，離苦得樂吧！

「修道的人，基礎打好是很重要的，如飛機沒有柏油水泥打造出來的跑道，如何能夠順利滑行起飛？」

老師強調修行基礎的重要，就是要弟子學習隨處隨心的集中注意力，在行、住、坐、臥中一心一意的，從散亂心轉化成單純心，由單純心轉化成一心，從一心轉化成無心，相信自己本具佛性，保持虛懷若谷的態度，因為修到最高階段，還是有「空無」。就是把身心世界都當作是空的。

　　就像了凡先生享年七十四歲，一生非常懇切，認真行善直到去世。卻被李如松為脫卻自己的罪狀，而以十項罪名彈劾袁了凡，被迫停止返鄉，雖然在明熹宗天啟年間，冤案得以大白，但他有了兒子，中了進士，突破了「迷思」！《心經》曾提到「無有恐怖，遠離顛倒夢想。」來悟道。

　　了凡先生寫了四篇短文，當時名為「戒子文」，後來這本書廣行於世而以《了凡四訓》問世。如果有可能的話，能夠把色、受、想、行、識這五蘊的身心世界看空。

# 二、談修行的基礎

　　方老師很有趣，把心畫了這個圖，也引用了一首詩：

三點如星列
　一鉤似月斜
「三點如星列，一鉤似月斜，披毛由此得，成佛亦由它。」

　　筆者習畫沒有經過正規教育，跟張清宗老師是用臨摹的方式，對於山水中的雲與水，無法掌握個中技巧，師母的畫，已經畫得爐火存青，請教師母牟翠昭女士時，方老師在師母送給我一本山水畫全集中提了學畫要有三心（信心、用心、恆心）、二意（意願、意志）。

　　我和師母同時跟張老師習畫，我那時常常以交差了事的態度，沒有用心，承蒙師母教我畫的技巧與基礎後，我回家一點也不馬虎，也把書瀏覽了一遍，方老師指點我理出畫要注意的四大要點而悟出人生的大道理。

　　（一）物理的 —— 重實驗會有信心

　　方老師的提撕教學法讓我悟的很徹底，除了習畫，還要觀察大自然動態美景，正如董其昌在「畫旨」裡說：「李成惜墨如金，王洽潑墨瀋成畫」，在基礎上畫石用破線畫比一氣呵成好，運用皴擦法多半是沿看稜線表現出陰暗，注意留白，注意繁簡粗密的變化，畫出石的堅石之感，水的流動之感，瀑布的震憾之感，使整個畫充滿潤澤感，一切以近濃遠淡，注意水的波紋渲染的技巧，遠山、沙洲蔚然成趣，掌握特色，就很充實，不怕失敗，失敗才是真正的實戰經驗，信心就產生，悟到專業與知識的氛圍是環繞著的，實在太美妙了。

　　（二）生理的 —— 重檢驗知道用心

　　了解畫畫的主客觀的意境，從各種畫法體驗及映證環境筆觸所產生的效果，奠定機制的原理與功能，進而融會貫通，比較中繪出自己的創意。如王維就發揮了他詩文才華，他的山水是「雲峰石室，絕跡天機」，他的隱士的高雅風範，他的畫風就不是豔麗彩色，他寧靜的心情與敏銳觀察力，就是用心；他被尊為南宗派山水畫的鼻祖。

　　其實方老師知道筆者很隨性，為了使弟子更精進，用共修的方法指點弟子，而且從第二章「改過」讀起：改過就是洗新革面，跨出自己的盲點。他道盡了精微洞見與高妙方針，以齊心協力的方式傳授心法秘笈，筆者感悟到老師的用心，作為自己修行努力時，展開每一刻的珍惜。

　　（三）心理的 —— 重平衡會有恆心

　　每一個人都有一個最高理想，要有好的心態是很重要的，畫能使你心理有「暢神」的感覺，因為大自然的山水可以寄託以人的感情，而山水畫之美就是由大自然中陶冶提鍊而來，畫畫能使人心理平衡，因為畫得好，興趣就來了，也堅持有恆的完成畫作，筆者體悟到方老師指點的要領，一個轉念有了「清淨心」，就不以自我為中心，也是禪宗所言「明心見性」中的「明」，完成了清淨智慧心以後，就再也不會三

心二意了，常住不變的真心，就是「佛心」。

（四）道理的 —— 規矩準繩在功夫

一般人認為懂得規矩準繩就有「道德」的標準，可以放之四海皆準，其實懂得道理是要下功夫的。

對於這一點，方老師提示弟子「養心」的通關妙語：

把心養大了，是大人；

把心養好了，是好人。

養成菩薩心，做菩薩；

養成佛心，做佛祖如來。

老師為了讓弟子懂得修行的方法，特於 107 年 12 月 31 日帶領本會十一位理監事及董事長翟台生先生，劉理事長蘭姝女士前往祖師禪林分享「茶禪一味」；聞果如法師、常真法師的開示，並設立方甯書教授的新網站，關於網站，分享一種探究的空間與回歸自然的泉源，作為我們創造的精神，結合心理與哲學對話的基底，淬練出生命光彩的力度 —— 對世界無所求、對生命無怨尤，唯有超越自己，一定要「觀功念恩」，感恩包容支持自己的人及家人，在共聚的場域中，照亮內在完整的本意，點燃經驗的清晰，最重要的是藝術給我們機會，在片刻消逝中湧現新的可能。

## 三、談修行的方法 —— 改過之法，積善之方

根據方老師畫了三個星（三心）—— 恥心、畏心、勇心

第一、發恥心

孟子曰：「恥之於人大矣，以得之則聖賢、失之則禽獸耳」此為改過之要機也。

　　要有知恥心，才不會厚臉皮，能確確實實的覺悟，才不會受到種種環境的污染，毫無慚愧之心，就這樣天天沉淪下去，同禽獸一樣，自己還沒覺著。

　　方老師曾賜給筆者偈詩（也是詩）的墨寶——

　　　　無不為

　　有為應提起提起，（後一提起，指提起的決心）
　　無為當放下放下。（後一放下，指放下的念頭）
　　常時薰修能養成，
　　錯過晨曦有晚霞。

　　悟到老師提起與放下的哲理；天地運行的突然感觸，其中的境界，一切顯性，皆以無為法與有為法而有所差別。有為應提起提起，無為當放下放下。

　　無為是無為之法，成佛之時，沒有這個法門，才能成佛。所以「有人問起修行事，仰望成空滿天星」。

　　我問方老師：「滿天星」代表什麼？

　　老師說：滿天星代表法門之多。一顆星就是一顆星的法門。就好像一個人未曾離家，不知飄洋過海的意境，老師又提起他坐飛機，飛機上了雲端超過三萬英呎，而窗外望去，又是一種意境，什麼都沒有，祇有雲海的意境，老師又作了一首詩：

　　風吹雲海浪滔湧，極目天際彩光現。

　　此時悟到老師一見到我就說，生活快樂就是修行，原來修行的路；當我們從現實界的此岸到理想界的彼岸，就好像過河，要有船筏外，就是要認識「路徑」，需要用心體會，斷惡修善，方有得於心

　　第二、發畏心

改過的第二個方法，是發戒慎恐懼之心。這段有二件事是最重要的；一是信因果；二是有過要懂得懺悔；譬如千年幽谷，一燈纔照，則千年之暗俱除；故過不論久近，惟以改為貴。

第三、發勇心

老師以此書提醒我，改過有三種方法：一種是事實上改，一是從道理上改，三是從心念上改。

這三種方法，不能分開來談，而這一卦也是一個示意而已。

上邊是巽卦，下邊是震卦。

巽是風，震是雷，風吹雷動，風幫雷，雷幫風，象徵萬物的生長，得大利益，所以叫風雷益。

象曰：風雷，益。君子以見善則遷，有過則改。

所以知道一切事情，不能有遲疑的念頭，如果一切都在等待，如芒刺在肉，要趕快挑掉拔出，能改過遷善，其如風雷之所益也。

有一句話說：「福至心靈」，當我們一念為善，不好的地方便也變好了，就是這個道理吧！

# 四、結　語

《了凡四訓》給我最大的啟示是祇要行得正，行得直，心理沒有歪念頭，壞主意。縱使遇到煩憂、悔、吝、心理坦蕩蕩，以平常心處之，那一切也就平安了。

# 退步原來是向前

## ── 從司馬懿的一生論其忍讓與保健

沈遠蓬（政二班）

　　大江東去，浪淘盡，千古風流人物俱往矣，然多少的趣聞軼事，總在留予後人的幽思與閒談中，古月今塵，相得益彰，東漢三國時期政治鬥爭上最大的贏家司馬懿，即是其中之一。

　　司馬懿字仲達，河南溫縣人，係三國時期魏國之政治家與軍事家，歷經曹操，曹丕，曹叡，曹芳四朝，曾抵禦蜀漢諸葛亮的北伐，堅守疆土，而聲名大噪，晚年發動高平陵之變，權傾朝野，導致曹魏政權的最終歸晉，綜觀司馬懿的一生，宦海浮沉，軍戎倥傯，往往能夠禦外退敵，屢屢可以化險為夷，主要敵人皆撒手人寰，而他不但獨活還最後勝出，當必有過人之處，經檢討，除時勢造英雄外，主要得力在其養身方面的保健工夫以及修心方面的隱忍作為。

　　曹操性多疑，善猜忌，史書記載因司馬懿具「鷹視狼顧」之相，又藉「三馬同槽」之夢，先後七次欲加害之，曹丕雖與司馬懿交好，亦存相當戒心，並慮其權勢膨漲，常利用曹休等宗室之力，加以打壓制肘，復又賜婚如夫人，就近監視舉止，曹叡亦因生母甄宓失寵，遷怒司馬，復憚其功高震主，屢生殺機，然司馬懿深諳隱忍之道，誠如老子所言：「善戰

者不怒，善勝敵者不與，善用人者為之下」，及兵法所示：
「強而示之以弱，能而示之不能」，故常忍人所不能忍，夾
著尾巴做人，哈著腰椎處世，曾不惜自殘，騙取曹操釋懷，
也曾裝癲弄傻，先後躲過曹叡親信曹真曹爽父子的陷害，甚
至完全放棄兵權，暫求自保，當面對強敵挑釁時，寧可忍氣
吞聲，忍辱負重，縱使被迫身著女裙示眾，亦堅不出戰，部
屬譏笑：「公畏蜀如虎，奈天下笑何！」，其亦不為所動，
終致諸葛亮無功而返，司馬懿看似不爭，實則大爭，令人感
悟，強大處下，柔弱處上，自奉必減幾分方好，處世須退一
步為高，臨事退縮一寸，自有餘地，臨財放寬一分，自有餘
味，是故，水低成海，人低為王，由於司馬懿熟識官場如戲
之術，能伸能屈，又採「善藏者人無以知」之態，一生低調
埋頭，最後終於高調出頭。

　　司馬懿少時接受當代名醫華佗所傳之「七禽戲」拳法，
經常鍛練，縱陷囹圄，也不中輟，奠定了身心健康的基礎，
雖係書生，但不文弱，其二十二歲致仕，七十三歲逝世，在
三國離亂之世，堪稱高壽，七十歲時還曾率部冒朔風暴雪，
八日內行軍一千兩百公里，奇襲平定孟達之叛魏，足證其老
而彌堅，曹操年長其二十三歲，先其而逝，固不待言，然司
馬懿雖年長曹丕八歲，及年長曹叡二十五歲，但曹丕五十一
歲與曹叡三十六歲前後逝世時，其仍龍馬精神，盛年不減，
至於曹芳十歲即位後，司馬懿雖已老邁但不昏瞶，仍然老驥
伏櫪，依舊志在千里，足證其生命力之強韌，史書亦載司馬
懿與蜀軍於五丈原對峙一百多天時，其得知諸葛亮「食少事
繁」「罰二十以上，皆親攬焉」，由是深切體會，有健康的

人，便有希望，有希望的人，便有一切，故以拖待變，行體力持久戰，終致諸葛亮於五十四歲之英年，死於當地，司馬懿遂得全軍而退，令人不得不感嘆，人生病，不舒服，秧生病，不長谷，油箱滿，勁道足，體能強，衝力夠，健康是福，平安是壽，強健的心靈，多半來於強健的體魄，健全的思維，多半源於健全的體力，健康優於權勢，健康勝於財富，縱然坐擁江山，一旦無常，什麼也帶不走，誰能堅持到生命的終站，誰就是最後的贏家，是以活著就是勝利，健康就是本錢，當一切都失去，因有健康還是有希望的。

　　總之，人間正道是滄桑，任何人的成功都不是偶然，每個人的際遇各有不同，若不與政治動作聯結，而純就人生修為而言，如人當難處，我們只讓退一步，便容易處，若事當難行，我們只禮敬三分，便容易行，怕走崎嶇路，莫想登高峰，若要上青雲，怕苦永不行，所以，坎坷顛沛那才叫攀登，痛苦煩惱那才叫人生，你不怕困難，困難就怕你，若非一番寒徹骨，焉得梅花香撲鼻，的確，沒有一顆堅忍的心，就不可能有一張成功的臉，司馬懿正是此中健者。

# 世偉人生自勉錄

金世偉（政一班）

每日負重茶蒜蔥薑
冷水洗澡薄衣一件
錢要打算雖少足用
力行生智無中生有
弱水三千獨取一瓢
青山藍海美樂之地
實事求是平淡平凡
勤儉志高有道不懼
遠離是非避免糾紛
無欲則剛無求必高
無病是福知足常樂
耳順不貪家和業興
樂觀泰然不勉而中
大成小業都是成就
功謙讓位為國抬轎

# 退休後的生活點滴

洪文學（政四班）

軍旅的生活及第二春國軍軍人服務站結束，已逾 60 歲。歲月如梭，至今已 13 年有餘。這些年過著平淡、無憂無慮的退休生活，在雙親均已往生，無後顧之憂，子女成家立業，均有正常的事業，後代均健康的成長，所以有無拘無束、無事一身輕的感覺。

古人是逐人而居，而我因在台中國軍英雄館服務，台北內湖房子已給兒子住，所以就在台中擇居而住。或許是我運氣好或理財有道，身邊有些錢就買了現在居住的店舖型四樓透天厝，樓下一樓現租給娃娃機，每月收取租金，二樓至四樓自己住。早期每逢假日、年節，兒孫皆來小住幾天，以享天倫之樂。現在兒女及內外孫均因工作及讀書等因素，僅農曆過年才南下團聚。匆匆來，匆匆去，我們彼此也相互體諒，只要兒孫健康、平安，就是幸福了。

老人要懂得孤獨，且能享受孤獨；不要想不開、自怨自嘆、嘮叨、鑽牛角尖，兒孫自有兒孫福，過度操心牽掛，無異自尋煩惱，健全身心，才是上道。錢夠用就好，要用時不缺，就是富有。俗語說：錢和健康兼有，固然最為幸福，但身體不健康，錢只能與醫生分享，徒增怨歎，二者都缺，最為可憐。兒女經濟都很獨立，無須我倆老支援，甚至婉謝年節給我們的孝敬金，反而發給兒孫年節紅包及獎金，以資鼓

勵。這次年金改革，每年被減兩萬多元，每月遞減五、六百元，相信大家心有戚戚焉。還好失之東隅，收之桑榆；樓下每月租金尚可遞補。另有投資六年期的數筆儲蓄險。2008 年雷曼兄弟風暴，我曾因投資債券，經歷過損失百萬元的慘痛教訓。十多年的退休生活，由於身體還硬朗，無藥無病，所以每年都安排至國內、外旅遊。約走過美國東海岸的紐約和華盛頓，加拿大、法國、奧地利、捷克，韓國的首爾和釜山，新加坡、馬來西亞，日本的迪士尼、北海道、黑布立山，中國大陸的長江三峽、重慶、北京、上海、雲南、廣東、珠港澳、廈門、福建、桂林、張家界及杭州等地。國內高山大海也都有我們的足跡。

　　最值得回憶的是，去年（108 年）暑假與外孫環島旅遊一週。玩過台灣名勝古蹟，吃遍全省各地名產。台灣真是個寶島，美景美食處處有，真值得細細領略品嘗。各位同學趁身體健康時，應多出去走走。我們每走過一景，均拍攝記錄下來，並洗成照片，有空時再細細欣賞回味。

　　觀念影响行為，或許我認為，既然退休了，就退得乾乾淨淨。所以對名利看的很淡，幾乎很少參加各種團體活動，僅參加退役將官服務組活動，金蘭會結拜同學活動，高中嘉義同學會，二年一次的 14 期同學會，及服務空軍同學會等活動。我總覺得，人要懂得放下，放下愈多，愈心寬體健，愈沒壓力，生活也就愈輕鬆。

　　環境可改變一個人的生活狀態，我居家附近生活機能甚佳，各式餐飲店林立，應有盡有，市立醫院、中興大學軟體園區、霧峰立法院中部園地、國光花市等，且交通便捷，有

高鐵接駁車，17 號高架路直通南北。我每天生活規律、單純，但並不乏味，着重在運動及養生。每早 4 點半起床，先在住家对面 5 公頃環保公園快走 10 圈約一小時，接著參加李成忠博士生物能醫學氣功後回家看報、早餐。我對早餐特別重視，有五穀雜糧、麥片、饅頭夾洋蔥，餐後一匙薑黃、二粒靈芝、一粒深海魚油，邊吃邊聽中廣 520 短播，內容豐富，可增加不少知識。正午、晚餐以魚類及蔬果為主，肉類為輔，午睡後到公園曬太陽，再與公園裡老人們談天說地。下午四點回家後再做瘦身運動及左右擺脚各 100 下，這對男性攝護腺肥大有益，我持續數年了，效果不錯。晚餐後看完七點電影長片後就寢。這是我退伍後的生活狀況和養生之道。

　　總之，任何疾病或疫情的預防或治療，都與個人的免疫力息息相關，而免疫力的增強，即有賴平時的注重養生之道，願與同學們共勉。

# 避「下流」、做「一等」老人

賴宏偉（政一班）

　　生命的旅程既是現在式也是進行式，可概分三個時期
——前期、中期、後期。於前、中期時，人人都是在出生、
成長、求學、就業（工作）、成家串連下度過，其間不論是
功成名就或平凡，到晚年終須放下，進入人生後期。

　　有幸來到晚年，面臨的是老後種種，有由得你的，有由
不得你的，由得你的是生命態度——選擇做哪一種老人？有
人把老人分三等，第三等老人：白活，第二等老人：忙活，
第一等老人：樂活。

　　洪蘭教授也有一說，謂三等老人：等看電視、等吃飯、
等孩子回家。或說等吃、等睡、等死。她要老人別當三等「公
民」。日本一位社會工作者藤田孝典，他觀察超高齡社會的
日本，在退休後面臨三窮——收入貧窮、存款貧窮、人際關
係貧窮，讓愈來愈多人淪為「下流老人」。他們在生命的最
後十年，不健康、長期臥床、無法獨立生活、孤獨死。藤田
警告即使月薪5萬元，我們仍將又老又窮又孤獨。

　　台灣是全世界老得最快的國家，民國114年將進入超高
齡社會（老年人口佔全體人口百分之二十），老人化，少子
化，加上經濟失速，薪資倒退，台灣已步入日本後塵。我不
想落入「下流老人」，也不想當「三等老人」，只想做第一
等老人：樂活，及學歐美老人：健康到終老。

　　所以，我在民國 101 年第二度從職場退下前後，就去社區大學、長青學苑、科大當學生，學英文、電腦、手機、社交舞、易經、桌遊，去法鼓山、中台山、佛光山所屬寺院上佛學、老人學、生死學、生命教育及禪修。還參加合唱團、野鳥學會、自然觀察學會，及辦讀書會。學習之外，也不忘旅遊，以增廣見聞，舒心暢懷，聯絡感情。每年數次與孩子、親友結伴到國內外旅遊，統計近 30 年來，已出國 34 次，去過中國大陸及亞、歐、美加、紐澳多國，非常值得。

　　每日生活方面，我是盡量規律生活作息，必定適度運動、閱讀、理財、玩心智遊戲、種樹養花、水族箱養魚蝦。還打電話關心親友，在社群網站互動交流，讓自己「樂活」。回顧退休 8 年來，若尚有可著墨的地方，不外三方面：一是參加合唱團，二是成立讀書會，三是實踐公益。

　　先來說參加合唱團。有研究說「唱歌」是健康長壽第一方，它能增強心肺功能，保持大腦活力，提高免疫力。這是從養生來說。參加合唱團，進一步學會識譜、發聲、呼吸、節奏、技巧、情感表達、傾聽、配合、理解、默契，培養團隊意識及合作精神；我們合唱團每年還定期成果表演，及參與師生音樂會，既能自娛也娛人，好處多多。

　　接下來說讀書會的成立。我與幾位同好會辦讀書會，全因參加法鼓山聖嚴書院佛學課，及心靈環保讀書會而起。東林讀書會於民國 97 年 7 月在岡山我「東林文理補習班」場地成立，創始會員 9 人。讀書會的運作，一年兩學期，一學期讀 1-2 本書，每學期 18 週，每週一次，一次 2～2.5 小時，依學習進度表，由帶領人導讀與主持討論。會前先靜坐 10

分鐘，會後會做運動，玩桌遊。每學期也會適時安排與著者座談，辦參訪、旅遊、聚餐、慶生。

　　讀書會10周年時，還特別舉辦「10周年回顧」展。看著擺滿長桌上的成果，無不心生歡喜，成就感也油然而生。這些會員的史料包括：

1.成員基本資料（1冊）
2.讀書會起始及會議紀錄（含簽名）（2大冊）
3.讀書會及講座、聚餐、參訪、旅遊底照片簿（3大冊）
4.所讀書籍、進度表與總整理（1大本）

　　東林讀書會成立至今已12年，曾參與的近八十人，穩定出席的有二十幾人，讀過的書籍有七類24本，包括佛學類13本，心理類2本，經學類2本，社會類3本，哲學類1本，科技與醫學類2本，文學類1本，堪稱豐富而多元。

　　讀書會以書會友，以真誠交心，以提升人品為志，一起成長，早已淬鍊成心靈夥伴。又因彼此關心、彼此分享，大家的關係也像一家人。《昔時賢文》說：「相識滿天下，知心有幾人？」所以古人說：「人生得一知己，死而無憾！」我們讀書會的朋友都是知己，這是我人生後期最大的收穫。

　　最後來講實踐公益。人是社會動物，行有餘力，去幫助別人是一種倫理道德，所以孟子倡言「老吾老，以及人之老；幼吾幼,以及人之幼。」退休前，我與內人即參與家扶、世界展望會認養行列，也加入慈濟，還定期幫助聖心教養院、台

東布農部落。迄今參與家扶 34 年，世展會 10 年，慈濟已逾 20 年。

　　人發心不難，堅持難，尤其在軍公教警退休俸變革後，也曾想放棄，但是「莫忘世上苦人多」及「行善不能等」之言提醒我，又堅持下去。讓我們感到欣慰的是，早年所幫助的孩子，有一位成年結婚時奉我們為坐上賓，生子後認我們為義父母，我們也多了兩個孫女，成為佳話。

　　寫下退休後我的生活樣貌，我與內人之所以能做「樂活」老人，除了是自己所要，也因為我們無後顧之憂-兩子（媳）三孫不用我們煩惱，我們只要照顧好自己，即少了孩子們與社會的負擔；我們能發揮「餘命價值」，幫助一些人，也間接減少社會問題。當然，晚年風險猶在，不過，我們已做好準備（如：寫好遺囑及簽預立安寧緩和醫療暨維生醫療抉擇意願書），人生至此少遺憾，同學會訊也給了我小傳「不虛此生」（「走過塵土與雲月」續集）增添新篇章。

　　文末，相期同學們，人生後期皆「樂活」，健康到終老。

　　　　　　　　寫於民國 109 年 4 月 22 日「世界地球日」

# 漫談太極拳輔助養生操

謝世經（藝術系）

　　有人說身體健康代表數字1，財富、事業、家庭、愛情、幸福……等都是後面的0，只有在身體健康1，屹立不倒的狀況下，才能真正擁有財富、事業、家庭、愛情、幸福。換句話說，沒有健康1後面0再多也不存在。吾人若想身心健康，那就非得重視養生不可。

　　回顧十餘年，傳授太極拳的經驗，十之八九的學員都是為健康養生而來，對象涵蓋各行業，分別有：大學教授、醫師、老師、會計師、護理師、上班族、退休人員等，不分族群、性別、年齡，幾乎都是高級知識份子，他們都只為了想用最自然方式，達到養生目的。俗話說：要活就要動；藥補不如食補，食補不如功補。在此，我願意介紹一項簡單易學的太極拳輔助養生操，與大家分享，只要有興趣，持續兩、三個月，每晚睡前，抽出十五分鐘抬抬腿，就可以改變體質，收到健康的效果。尤對女性生理不適；一般人常見的便秘、腸胃消化障礙、尿失禁、攝護腺肥大等問題會有改善效果，謹將抬腿操作方法，及肢體、內臟反應現象，略作詮釋。

　　養生操的動作要領是；身體平躺，仰臥床鋪或瑜珈墊上，抬腿上舉彎曲，使大腿與地面垂直成90度，小腿又與大腿夾角成90度（小腿與地面平行），雙手置放小腹（丹田）上，放鬆身體，自然呼吸，不要憋氣，用腰及丹田部位，支撐承

受之痛楚，達十五分鐘以上。初學者，做此動作，會感到很吃力，抬腿支撐不了一分鐘，甚至時間更短，尤其上了年紀，及平日缺少運動的人，備感困難，這是很正常現象。還好動作操之在己，不易造成運動傷害，忍一忍就會過去，持續做，日久自然適應。天下沒白吃的午餐，要能吃苦耐勞，慢慢加多抬腿時間，循序漸進，苦盡甘來，付出的代價，終必回收。做養生操之前、後，需各喝300C.C.溫開水，幫助排毒。

　　進行養生操，血液會加速回流肝、腎臟，提高排解毒效果，促進新陳代謝。腰以下，會感受酸痛，瞬間增加排毒功能，腦下垂體，自然分泌激素，刺激潛能，藉由流汗，將毒素排出，致使身上濁氣往下沉，清氣上升、正能量倍增，促進健康細胞的活躍性，壓縮惡質（癌）細胞生存空間，免疫力因而提升，降低人體病痛纏身。

　　操作養生操，丹田、命門同步運氣，打通任督二脈，氣血循環順暢，毛細孔擴張，增加皮膚呼吸，及代謝作用，且用丹田呼吸，減輕了肺部負荷，胸腔之濁氣，可順利排出，消除心肺鬱悶、增強心肺功能運作，血壓就趨於穩定。

　　做完抬腿十五分鐘迫使流汗，將體內酸性毒素逼出，減少血脂肪囤積，降低血管硬化。脾臟又主管四肢，所以血糖可以穩定，脾臟獲得良性改善，性情自然溫順，態度和藹可親。

　　養生操，牽引大小腸蠕動，膀胱更有力，男女生理功能較佳，進而消除便秘、調理月事不順、改善攝護腺腫大等失調症。胃腸消化系統、排泄機能趨於正常，兩者互為良性循環，身體自然健康。

　　養生操，全程身體平躺，維持脊椎平衡，肌肉又富有彈性，氣血運行順暢，各關節自會增生骨髓，脊椎兩側神經傳導正常，就不會有關節退化、長骨刺的病症，甚至壓迫神經疼痛的產生。

　　養生操，強化全身內臟運作，腦內革命，心理生理調適正常，不易有睡眠障礙症。頭腦清醒、智力、記憶力增強，激發意志力及吃苦耐力，又能突破酸痛的障礙，達到抬腿的養生目的；抬的愈久，反映身體愈健康，袪除百病延年益壽。

　　任何運動，對健康都有助益，貴在持之以恆，養成習慣，使其生活化。太極拳的輔助養生操，動作簡單，不受時空環境限制，不因天候影響，無分年齡性別，不用輔具，不必求人，只要手腳活動正常，自可操作。萬事起頭難，首先求其動作正確，對規定時間，不必太介意，絕無可能一次到位，要逐次分秒遞增，反覆操作，累了休息，不操之過急，不勉強，不強求，循序漸進，日久自然水到渠成，終至享用健康養生果實，祝福有緣人，健康平安快樂！

# 陸、專業論壇

## 政工這條路走得艱辛

王榮川（政三班）

## 前　言

　　雖然我畢業於政戰學院，讀研究所時主修也是政治作戰，但畢業後大部分時間都在教學與研究領域；政工經驗只有在民國 62 年以前在部隊基層短暫的時光(從基層的排長至營級政戰官)，之後就離開部隊。但依我任教的對象，從政治學系到政治研究所的政治作戰組，及後來在國防大學的國家安全戰略教學，所指涉內容都與政治作戰或政工研究直接或間接有關聯。

　　此外，無論在部隊或在學校，我都會觀察政戰學校（政工幹部學校或政戰學院）出身的學長或學弟的升遷；有時也藉機聽他們的心聲。雖然大多校友基於學生時期的校訓，有甘願做歡喜受的心胸，但有時在人事升遷上，相較下難免有不滿或感嘆。尤其比較其他同期畢業的軍種（如陸官），從量化看政工人員的晉升似乎慢半拍。後來才發現這是結構性

問題（含制度面），如政工人員只能當主管（如師主任是上校級），不像官校畢業的可擔任各級主官（如師長是少將級）。若以我同期（14 期）與同年（民國 57 年）一起畢業的陸官校比，本期政戰階級最高只到中將，換言之，即使最優秀的同學，也只升到中將。而陸官卻有升上將者（如前國防部長高華柱是官校 37 期等於我們同期同學）。關於此，剛好翻閱一本「緣繫復興崗:復興崗 15 期畢業周年紀念文集」(民國 108 年 10 月出版)，其中一篇名「荊棘晉升路」這位學弟道出自己在晉升中校時的挫折；只因政戰非主官職，而硬被某師長拉下排名順序，只好等次年的機會。他感慨說:當年那些權大的長官們可以任意調整排名，那是制度問題，因此每次晉升排名，政戰人員就成了犧牲品。

　　此外，而讓我感受最深的則是:政工人員在軍中與社會的角色與觀感。由於政工人員背負黨國時期的原罪，加上所擔任保防與監察工作，有時難免受人疑慮與排斥，無論上級或下級，甚至同級。雖然在那個剛從大陸撤守到台灣的年代，處處有中共滲透分子年代，政工人員確實發揮極大保密防諜的功能。譬如破獲許多重大的共諜案。

　　因此有人比喻政工人員室是保防細胞。從預防醫學觀點看，當時政工人員確實猶如人體內的 T 細胞，其主要即是對抗侵入人體的有害病毒細菌，增強人體的免疫力。而政工人員當時就發揮保防細胞的功能。此猶如現今蔓延全世界各國的新冠肺炎（或稱武漢肺炎或 COVID-19），已成談虎色變的人類大災難，若免疫力差者易被感染，大多確診者死亡也多屬免疫力差者（如老人、慢性病者）。

　　但隨著時代與大環境的改變，國家認同強化，部隊的安全提升，尤其軍隊國家化成為共識後，加上政治體制從威權轉化為民主憲政。等於國家安全的免疫力增強。保防細胞的作用漸淡化；故政工任務與角色自然也得轉型。譬如將政治工作的概念轉變為政治作戰。而政治作戰任務層面從軍隊、社會提升至國家戰略層次；除對內（國內政治作戰），也對外（中國大陸與國際）。尤其在軍事專業趨勢下，政治作戰的運作與研究，已成為科技整合學術專業。如傳統的六大戰已結合高科技（如資訊、網路）。其功能自然今非昔比。而最重要的轉變則是：當政黨輪替成為我國民主政治的常態後，隨著軍隊國家化體制的落實，政工人員不必揹輔選（國民黨）的黑鍋。

　　雖然如此，但因昔日政工人員角色（如任監察保防工作），在工作單位不免引起相關人員的防備甚至排斥。而在社會上因輔選的原罪，或被偏見者汙名化，導致或引發威權時期黨外人員及開放黨禁後的民進黨支持者的敵視。因此，當時政工人員的處境，可說是「豬八戒照鏡子，裡外不是人」。以下論述是從政工起源、形成、轉變從而確認政工的價值。

　　為了重新認同政工角色功能，我簡述我國政工起源、形成、轉變從而確認政工的價值。而宏觀的政治作戰理論分析，則請參考洪陸訓的相關著述與本篇〈現代政治作戰簡析〉一文。

# 一、政工體制的緣起

　　任何制度的建立與形成，都有其歷史淵源與環境因素。以我國軍事體制而言。清朝末年，太平天國興起，朝廷正規軍已無法抵抗叛變的太平軍，不得已借助地方團練的湘軍。後來雖平定國家，但卻也演化成民國初年的軍閥割據後遺。

　　　因此民國建立初期，雖成立民主共和國，但國家卻仍處於軍閥割據分裂狀態。孫中山依建國大綱戰略思維，國家正處於軍政時期，必須有一支堅強武力作為國家統一的工具。而當時只有革命黨人，卻無真正效忠黨國的革命軍。1924年（民國 13 年）國民黨在廣東建立黃埔軍校，孫中山認為紅軍對蘇俄的革命扮演重要角色。因此引進托洛斯基的黨軍理論。此時適巧俄國人馬林向孫中山提議創辦軍官學校，以建立「黨軍」（黃埔軍校訓練出來的軍隊）；之後又有俄國顧問鮑羅廷建議孫中山，比照俄國赤色革命後，在軍隊皆設置「黨代表」及「政委」制度。如此一則可監督部隊長之忠誠，另則可負責在戰場督戰。於是孫中山將蘇俄政工體制置於軍校和國民革命軍的體制中。開創中國在軍中建立國民黨的組織。

　　若從體制來源，有學者認為早期國民黨與共產黨水火同源，體制相近。不過受國內外政治環境影響，尤其國共關係的分分合合，至分道揚鑣、對抗。國民黨的黨軍體制迭經改造，今昔相比與中國共產黨當然不可同日而語。比如在組織領導上，政工的角色與部隊長的權力關係顯然不同。共軍的部隊長（稱指戰員）下達的命令，必須要經同級政工（稱政

委）的副署，才算合法的命令。中共的指戰員雖具軍事專業，卻必須服從政委的政治領導。因為政委也是黨的書記。顯示黨指揮槍的特色。相對的，國民黨的部隊中的政工角色與權力關係，就沒如此強勢；更談不上黨指揮槍。簡言之，共軍的政委地位實質高於指戰員，而國軍的政工人員在階級上都低於部隊長之下，雖有監察、保防和考核等職權，難類比中共的政委。

## 二、政工體制的重建源於國共內戰失敗的教訓

由於抗戰時期受到國內外壓力影響，加上當時政工人員可能良莠不齊，導致政工體制難以續存，甚至退出軍隊、學校及社會組織。而此嚴重影響後來國共內戰時的實力，尤其精神戰力。

1945 年 5 月 5 日國民黨第 6 次全國代表大會在重慶舉行。共黨在政治協商會議中提出「軍隊國家化」的主張（至今中共仍在強化以黨領軍，這是可笑的歷史反諷），使國民黨不得不在 1945 年 5 月 5 日在六中全會上宣佈原設立於軍隊的黨部，一律在三個月內取消。同時也取消各學校內所有國民黨支部，並將三民主義青年團改組為青年訓練機構。

因此，當國民政府撤守台灣後，各方檢討國共內戰失敗的原因；尤其後期兵敗如山倒的關鍵因素。

有關檢討戰爭失敗因素時，最近剛過世的出將入相的郝柏村曾先從戰略層面，直接指出是蔣中正的戰略錯誤。郝認為蔣中正原來的目的是希望用軍事力量把共產黨軍隊殲滅，

最後非但沒有殲滅，還打了很多敗仗。錯在蔣中正想像自己實力強；以為內戰是抗戰的延續。其實打內戰跟抗戰完全是兩回事，但這是蔣中正對毛澤東的力量判斷錯誤。其次，蔣中正也錯估自己的自信心，以為自己力量很強，實際上戰略應用是錯誤的。而關鍵問題則是：國民黨和共產黨的體質問題，共產黨是組織非常嚴密的戰鬥體，而國民黨本身是很鬆散的組織，不論就競爭力或鬥志。

因此檢討大失敗的主因，郝認為：是思想戰場的潰敗，尤以政工制度徒具形式影響最大。

於此點，張學良也在口述歷史提到：共產黨信仰他的主義，……甚至一個兵，都是有思想，所以我跟蔣中正講，我們打不過他（指中共），他團結。……他（指蔣）一定要把共產黨消滅，……我說你不能把共產黨消滅，你消滅不了，他問我為什麼？（張說）因為我們背後的老百姓沒有他背後的老百姓多，他不承認我的話。（聯合報 2002.6.16，12 版）

後來蔣中正從政治工作領域，總結出 8 條失敗的原因：1、黨代表制度廢棄；2、政工機構及其職能的邊緣化；3、黨的組織不健全；4、新聞制度的引進；5、國軍上下的隔膜；6、宣傳心戰無法與共黨對抗。蔣中正並指出共軍的的長處是：情報與政治工作值得國軍借鏡。

簡言之，1949 年中國大陸淪陷共黨之手，與政工有關者，計有軍隊無核心、官兵失監察、組織不健全、軍心動搖、精神訓練失敗、軍隊與民眾脫節、組訓管理與工作業務不知改進與不能做到官兵一體，生活一致等 8 項。（楊維珍，頁253-4）

## 三、政工重建期間的國內外壓力

　　病因找出後，蔣中正決定重建政工制度。1950 年 3 月在國防部設立總政治部，由蔣經國出任主任，主管軍隊思想工作。

　　但政工制度的改革並非一凡風順。國內外反對政工之聲依然不斷。可謂內外夾攻。就外部而言，韓戰爆發後美軍顧問團來台，亦對台灣軍中的政工制度有所批評，並威脅將取消美援以為抵制。(楊維珍，頁 253-4)

　　而內部承受壓力更大，如陳誠（時兼任台灣省主席）與孫立人（時任陸軍總司令）都公開持反對態度。孫立人還一度拒絕政工人員進入軍中。曾任台灣省主席的吳國楨也是極端厭惡政工人員。他在美國所寫的回憶錄中提到:「上至將官，下至走卒，其對政治部的觀感，惡劣至無可復加之點。甚至可言，一朝作戰，必先殺政治部人員」。並認為應「撤銷軍中之黨組織及政治部」，蔣經國在軍中所建立的政工系統，對那時身為陸軍總司令的孫立人，構成了實質的威脅。孫立人最厭惡的組織是政治部。(吳國楨傳，頁 458、502、521 )

　　當然，此或許牽涉個人權力關係（如孫立人與蔣經國）或政工前輩素質、形象與作為導致。關於此，陳誠在其回憶錄中曾提及昔日政工人員給人的形象:當時的政工制度不如現在完密，就已然不大受部隊長的歡迎。從小處說，他們看政工人員「賣膏藥的」，只會耍「嘴吧式」，並不能治病;從大處說，他們覺得政工人員如中國古代的「監軍」，或當時俄

軍中的「政委」，是不信任部隊長的一種安排，是部隊長的對立物。這兩種看法，都是造成政工人員在部隊中的尷尬地位：認真做一點事，便會製造摩擦；一點事都不做，又會形同贅疣，真是左右為難，進退失據。政工人員遭受歧視，就陳誠看來，不能完全怪別人。因為政工人員之間確有一些怯懦、幼稚、學能兩無可取的分子，這般人到什麼地方也不會引起別人的敬重。（引自薛月順編，2005 年）

## 四、記取失敗教訓　重建政工決心的屹立不搖

雖然有上述內外壓力與偏見，蔣中正重建政工制度的決心並不動搖。尤其早年撤守台灣時，中共特工滲透政府潛伏軍政內部嚴重。此期間破獲幾件重大共諜案。清理內部成為關係國家安危的首要政策，重建政工體制刻不容緩。

蔣中正在 1950 年 1 月 5 日於革命實踐研究院演講中，提到：「我們國家這樣廣大的土地，我們革命這樣偉大的成就，而今天反要退縮到臺灣一個孤島上來，不能不承認我們革命事業，已經失敗了！」而失敗的原因為何？就制度言，最重要的還是因為軍隊監察制度沒有確立的結果。因此，蔣認為「今天如何重建軍隊監察制度，必須從上到下構成一個公正無私的監察系統，要選擇最積極優秀的幹部來充任政工人員，務使命令貫徹，紀律嚴明。而要做到這一步，首先就要從改革政工制度做起。」

除了制度以外，蔣認為失敗的另一個原因，就是組織不健全，舉凡黨務、政治、社會及軍事各種組織都不健全。「中

共看透了我們各種弱點的所在，於是採行政治、軍事各種滲透的戰術，打進我們的組織內部，使我們本身無端驚擾，自行崩潰。」（蔣中正思想言論集，演講，卷 23）

　　前述蔣中正檢討國共內戰失敗，主要因素在於思想戰，或者廣義而言係政治作戰的失敗。具體而言，應是政工的失能。因此在痛定思痛下，政府才本「雖萬人之下吾亦往矣」精神，排除萬難，重建政工。此後，政工組織體系的架構中，其編制從上至國防部階層，下至基層的連隊都設有專職之政工部門及政工人員，組織較以前龐大。

## 五、蔣經國主導政工權位變遷

　　1950 年春，時任總政治部主任蔣經國，秉承總統蔣中正「建國必先建軍，建軍必先健全政工人員」之意旨，重建政工體制。一年後（1951）年 7 月原「政工幹部訓練班」正式改制為「政工幹部學校」，並以翌年的 1 月 6 日的開學日訂為校慶日。1970 年 10 月 31 日奉總統蔣中正核定，學校易名為「政治作戰學校」。此後政工制度成為鞏固軍心的重要機制。（楊維珍，蔣介石與來台初期的軍事整備，頁 253-4）

　　而在政工重建的前夕，台灣正處於風雨飄搖的 1950 年代初，不僅國際孤立無援（直到韓戰爆發，美國居於戰略與利益才恢復與我關係），內部的精神戰力有待重建。尤其 228 事件後，涉案被捕者多為日據時的本土精英，短期間造成社會心理不安與執政者對立。當時中共也試圖在武力攻台前動搖島內的民心士氣，故其諜報人員不僅隨國軍滲透軍事機構

（如陳儀、許石案件），也滲入台灣社會（如日據時期潛入地下共黨謝雪紅）。尤其當時政府撤守台灣未久，高層有見風轉舵與投靠中共者，如曾任台灣省行政長官（兼任台灣警備總司令），後任浙江省主席的陳儀因靠攏中共而被捕槍斃。另外，軍事高層則是國防部人事次長許石每日供給中共情報，被捕後本人也被槍斃；也依線索逮捕 953 個中共特務。此期間，1950 年 5 月 13 日時任國防部總政治部主任時的蔣經國破獲八十多個中共的地下組織，逮捕中共台灣省工作委員會的最高負責人蔡孝乾（蔡後來投誠轉替國家宣傳）。（轉引自小谷豪野郎著，陳鵬仁譯，頁 216-217）在此氛圍下軍事團結與人民對政府向心的建立成為當務之急。而軍隊的精神戰力則非靠政工不可。

綜觀之，在台灣政工體制的建立與轉變，蔣經國是主導者，而王昇是推動者。蔣王二人因有江西時代的師生關係及後來的部屬關係，加上理念相近，故在政工重建時劍及履及，雖然過程中也遭遇困難與阻力。

在蔣經國就任總政治部主任時，就訂出政工改革的六大目標：1 建立政治幕僚長制；2 確立監察制度；3 加強保防工作；4 恢復軍隊黨務；5 實行四大公開；6 革新政治訓練。他希望透過政工的幹部，對國軍士兵徹底灌輸三民主義的思想和信仰。（小谷豪野郎著，陳鵬仁譯，頁 218）

在王昇等人的協助之下，國軍部隊建立了較諸大陸時期更強而有力的政工制度。有學者認為，此舉在國軍內部形成了以蔣經國為中心的一股新的勢力體系。撤退到台灣的國軍

部隊，從來不曾發生大陸時期動輒譁變、倒戈頻仍的情況，蔣經國、王昇和早期的政工人員居功不小。

惟在體制的發展過程中，受國內政治社會發展衝擊；尤其政治文化漸從威權轉型民主憲政期間，政工的角色與權位也受影響。主導政工的蔣經國，因權位不同（從政工主管至國防部長、行政院長以至總統），政治視野寬度也漸轉變、不同。對他一手主導的政工體制也有改革的想法。從而對他所主導的政工體制，尤其人事方面有所改變。關於此，有學者的論述提到，為此蔣與王昇的理念有極大的衝突，其中涉及蔣經國與王昇對政工人員人事改變的歧異。

有一段記述：民國 72 年蔣經國召見王昇說：時代變了，軍隊政工的人事權，應該全部劃歸部隊長，從政工轉移至「參一」或「聯一」部門，由部隊長統一人事權，今後政工不再掌管部隊政工的人事權。王昇不以為然，他反問：一旦政工的人事權轉移給部隊長，一切都要聽從部隊長的命令，政工人員還有何監督考核的權力？政戰部門從此成為拔掉牙齒的老虎，名存實亡。多年辛苦經營擘劃的政工制度，可能毀於一旦。蔣經國觀念上傾向部隊長制度，王昇則堅持政工的人事權仍應歸政工部門掌握，不宜放給部隊長，以免削弱政工。王昇堅持的原因是：現在中共和台獨那麼囂張，哪能削弱政工力量？

因此，評論者對有關政工體制變革問題指出：蔣經國自己任政工主管時，不斷加強政工的權力與地位，但等到他自己位高權重時卻又主動要削弱政工權責，尤其在人事上，政工人員完全掌控在其他體系的主管。這點令王昇非常不滿，

以致兩人從昔日長遠緊密從屬關係而漸行漸遠,終至王昇被調離政工體系。評論者甚至認為:得到江山的蔣經國,對政工的思維已經迥異於過去。而王昇堅持的政工制度,則是來台初期蔣經國早先的政工思維。

這種論點似嫌誇張。客觀來說,蔣經國對政工體制的改變。主要因受大環境(國外與國內政治環境)影響不得不做微調;早期重建政工體制或加強政工的功能,是居於國府撤台後軍隊內部安全需求與士氣提升,使政工人員的角色功能凸顯。其影響力不僅在軍中,甚至延伸至民間社會。而當蔣經國從出任行政院長到擔任總統,也是台灣從威權體制轉型,進入民主憲政的關鍵時刻;黨國不分時代已成過去,黨退出軍隊成為時勢所趨,自然也削弱政工的某些功能,譬如為特定政黨輔選的角色。而此過程都在我們服務的歲月過程中,大家應能感同身受。

只是,從政工人員的主觀立場看,王昇在重建政工體制時,在蔣經國主導下全力設計規劃政工體制,尤其成立政工幹部學校,不僅從軍中遴選菁英,培養高級政工人才,更透過大專學制吸收社會青年成為政工的基礎人才。在愛屋及烏之下,王昇自然也關心政工人員的人事升遷。因此,王昇對政工人事體制的維護,作為政工人員的我們應點滴在心。惟從共體時艱的寬遠視角,蔣經國對政工體制的轉變,我們的心境也要與時俱進。

# 結　語

　　學生時代就聽到長官引用蔣經國的話：作政工並不是做官，更不是謀生的職業；政工不是權利，而是一種光榮的義務。並不是每一個人都可以作政工，只有意志堅強、精神煥發、有理想、有抱負、有才能的人，才能配得上作政工。（民國 41 年 6 月經國對政工人員的講詞）也對豎立校園的政工人員信條耳熟能詳：1 冒人家所不敢冒的險。2 吃人家所不敢吃的苦。3 負人家所不能負的責。4 忍人家所不願的氣（原受人家所不願受的罪）。（轉引汪振堂，〈誰配得上作政工〉）只是有時從學理的理性思考，當時進入政工幹校時的懵懂少年，有誰能體悟此超高的人生價值觀？每個進入復興崗的學子，相信都有不同的誘因，直到面對時才勉為其難地接受。然後經過多年的身心冶練下，終於塑造成日後的典型。

　　因此，當回看政工這個艱辛旅程，讓我想到自己以前喜歡的一首潘越雲所唱台語流行歌曲「情字這條路」，使我浪漫聯想到:我們所從歷經一生或半生的政工這條路途。現將其中的一段歌詞中，關鍵字「情」字換為政工（台語發音）：

政工這條路
給你走著輕鬆
我走著艱苦　那會那會同款
政工這條路
你隴滿面春風　我隴在淋雨

不願承認心內思慕
暝暝等著你的腳步
不願承認阮的愛你是錯誤
不願後悔何必當初

　　歌詞讓我自我體會而轉成以下意涵:無論當初選擇政工這條路的動機如何,後來在追求目標時,也許感受不如想像那麼輕鬆愉快;尤其看別人輕鬆或滿面春風度過,自己卻在艱苦的風雨中煎熬渡過。也許所獲得不如原先所期許,但美好的仗畢竟已打過,該冒的險冒過,該吃的苦吃過,該負的責負過,該忍的氣忍過。我們應無怨也無悔。

　　比起其他行業甚至軍種,政工這條路雖艱辛,但終究已付出自己的青春歲月,為國家社會付出;無論外在評價如何,自己收成如何,所謂「無患得之心即無患失之苦」。讓自己沉澱於苦盡甘來的心境。我們應無後悔,只有感恩。對於我們所經歷的路途,無論平坦或坎坷,我們都要感恩鋪路的人。

## 主要參考資料

陳鴻獻,〈1950 年代初期國軍政工制度的重建〉,《國史館刊》,第 42 期(2014 年 12 月)。

薛月順編,《陳誠先生回憶錄—建設臺灣》,上下冊(臺北:國史館,2005 年)。

小谷豪野郎著,陳鵬仁譯,《蔣經國先生傳》(中央日報出版部,1990 年 4 月,5 版)。

《國軍政工史稿》，第 1 編（臺北：國防部總政治部，1960 年）。

楊維珍，〈蔣介石與來台初期的軍事整備〉，研討會論文。

陳祖耀，〈永懷恩師王化公，悼念化公恩師百歲冥誕〉，《王昇上將百歲誕辰紀念音樂會特輯》，民國 104 年。

復興崗校友會編，《感恩與薪傳》（台北，福星出版社，1998 年 11 月）。

王　丰，《蔣經國：王昇》(新世紀智庫論壇第 31 期 / 2005.09.30）。

《吳國楨傳》（1903-1984），手稿，黃卓群　口述／劉永昌　整理（自由時報，1995）。

# 《現代政治作戰》簡析

洪陸訓（政一班）

本文目的，在於簡介最近美國智庫蘭德公司（RAND）出版的《現代政治作戰－現在做法與對策》（*Modern Political Warfare : Current Practices and Possible Responses*）一書，其案例研究所發現的結論，以及對美國政府和軍方在政策和戰略上運用的建議，並間接凸顯我國一向所強調的政治作戰的現代意義和功能。

這本書原是由美國陸軍特戰司令部委託蘭德公司所作的專案研究（原名為《政治作戰的理論和歷史》，由羅賓遜（Linda Robinson）等七人共同執筆，並由該公司於 2018 年出版。本書共 322 頁，分九章，內容包括：概念界定與分析架構，美國政戰史，俄羅斯、伊朗、伊斯蘭國三個案例分析，現代政治作戰性質與特徵，美國影響力溝通，以及政策建議等各項。後兩項係針對美國資訊、心戰的體驗與政策建議，因受限於本文篇幅而予以省略，僅就其主要部分加以簡介，並提出筆者個人的觀點。

## 一、《現代政治作戰》內容簡介

（一）政治作戰的意義

本書作者對「政治作戰」（political warfare）一詞的意義，

是引自美國 1948 年，時任外交官的肯南（George F. Kennan）的界定：「政治作戰是和平時期克勞塞維茲的準則在邏輯上的運用。從最廣泛的定義來說，政治作戰是在非戰爭情況下，一個國家利用它所掌握的所有手段，來實現其國家的目標。這些作戰分為公開和秘密兩種。其範圍從諸如政治聯盟、經濟措施（如馬歇爾計畫，ERP），以及「白色」宣傳的公開行動，到諸如暗地裡支持「友善」外國團體、「黑色」心理作戰，甚至在敵對國家中鼓動其地下反抗勢力的秘密行動」（p.1）。

　　之後，此一概念有多種不同意見的論辯，但難獲一致認同的定義（pp.2-6）。本書作者亦未提出具體定義，但認為所有出現對定義的討論是基於這一假定：「政治作戰是一種深思熟慮的經世治國的工具……涉及以透過例行外交或全面戰爭以外的其它手段，來削弱對手達到其它明確的政治目標」。在本書〈政治作戰輪廓界定圖〉下端，特別註明：「政治作戰包括意圖使用一種或多種權力運用（外交、資訊、軍事和經濟），以影響一國內部的政治組成或決策。政治作戰經常（但非必定）秘密進行，但必須在傳統戰爭環境之外。」（p.7）

　　有鑑於學者對政治作戰此一用詞定義的相對照且相重疊，認為最好將政治作戰看作是一系列的同心圓，這些同心圓有些戰術或多或少整齊地落在總標題之下，如下圖所示。如就該圖所舉出的政治作戰範圍，可以解讀出他們對政治作戰義涵的詮釋，是從政治/外交、經濟/財政、軍事/情報和資訊/網路四個面向來觀察政治作戰，其具體範圍顯示在四個面向對應的四個實線圓圈內（例行外交、貿易、傳統軍事作為、及公共外交），中間虛線圓圈內所含，即為現代政治作戰的各

種具體措施，包括經濟破壞、有條件對國家軍援、心理作戰、宣傳、對政黨和反抗團體的援助等6種。這些措施是由四個實線圈交相重疊而成的跨領域的作為。這個構圖及所涉範圍條件，亦為本書論述的一個分析架構。政治作戰輪廓的界定圖（p.7）

政治作戰範圍條件

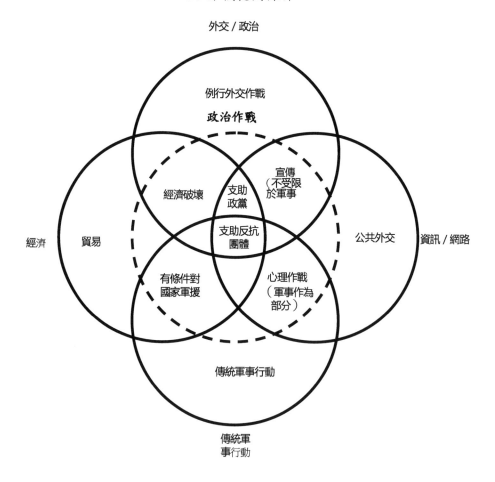

## 二、美國政治作戰簡史（pp. xv, chap. 2）

　　歷史上，美國的政治作戰早在其獨立建國時就已運用。例如，致信（印成小冊子）加拿大法裔民眾，號召其加入反抗英國統治。冷戰期間，各種各樣的政治、文化、資訊和經濟措施透過美國新聞署（USIA）、美國國際開發署（USAID）、國務院（DOS），以及中央情報局（CIA）等機構實施。為抵制共產主義意識形態所實施的措施，除了物質上支持作者、藝術家、雜誌、「美國之音」廣播，以及經濟措施，包括長期秘密援助外國政府、政黨和工會，或其它運動等。秘密和隱蔽行動方面，則包括暗殺和其它「骯髒把戲」，國會因而舉行聽證會和調查，導致福特（Gerald Ford）總統於 1976 年明令禁止政治暗殺，有效限制了政府機構被允許合法從事這類活動。冷戰後，許多機構，如 USIA 被裁撤，USAID 和 DoS 的預算和人事被大量刪減。1990 年代，美國政府恢復某些政治作戰功能，例如，除了保留海外電台和電視廣播電台以外，並透過國家基金會發展促進新民主和經濟方案。美國歷史上政治作戰的主要案例，可以彙整成表概述如下。

## 美國與政治作戰戰術彙整表

| 工具 | 早期歷史<br>（革命-1945） | 冷　戰<br>（1946-1991） | 今　日<br>（1992-迄今） |
|---|---|---|---|
| 外交政治 | ・南北戰爭廢除奴隸制，威脅顛覆南部州社會秩序<br>・一次大戰中支持捷克民族主義削弱奧匈帝國，以及支持猶太人的復國運動 | ・透過中情局（CIA）秘密資助民主西歐（法義）政黨以削弱共黨影響力<br>・透過CIA秘密運作援助波蘭團結工聯運動以助加速蘇聯瓦解 | ・在威權國家中支持親民主政治的運動和領袖，如西藏達賴喇嘛、緬甸翁山蘇姬，以及東歐前蘇聯共和國的民主改革派 |
| 資訊網路 | ・獨立戰爭中宣傳鼓動加拿大法裔民眾反英叛亂<br>・1942年6月設立戰爭情報局（OWI）從事宣傳以影響國內外受眾（audiences） | ・CIA每年提供大量資金由「文化自由協會」資助藝文作家、雜誌從事宣傳美國價值和抵制集權主義挑戰<br>・1953設立美國資訊局（USIA），透過自由歐洲電台（RFE）和自由電台（RL）對中、東歐和蘇聯廣播，提供西方資訊 | ・9/11後對阿拉伯世界的公共外交<br>・削弱個別領導人形象的戰術宣傳（心戰），如伊拉克戰爭中公佈海珊（Hussein）被捕照片與製作基地領袖Zargawi射擊機槍錄影帶 |

| | | | |
|---|---|---|---|
| 軍事 | ·二次大戰中戰略情報局（OSS）在法國、緬甸和泰國組織訓練地下抵抗運動<br>·陸軍協助菲律賓訓練游擊隊並成立心戰支隊 | ·美國透過CIA協助推翻被疑為親蘇國家的政府，如推翻伊朗左翼總理Mossadegh（1953），瓜地馬拉左翼領導人Arbenz（1954），以及智利Allende政權（1973）<br>·雷根時期美國支持三例游擊運動，即安哥拉內戰中兩個叛亂派系，尼加拉瓜Contra叛亂，以及阿富汗的聖戰者（mujahedeen） | ·美國運用軍事化政治作戰秘密支持叛亂團體，如軍援阿富汗北方聯盟，導致塔里班政權下台，在伊拉克支持庫德族團體代理人，以及支持利比亞叛軍推翻格達費和訓練敘利亞叛軍從事反伊拉克Assad政權和伊斯蘭國作戰 |
| 經濟（援助、強制性、顛覆） | ·革命期間對英貨物和波士頓茶黨的抵制<br>·二次大戰中對日全面禁運，制裁石油供應等<br>·利用拉美聯合水果公司從事秘密情報工作影響中美洲政府 | ·1947年由將軍轉任國務卿的馬歇爾提出「馬歇爾計畫」，協助西歐恢復戰後經濟，後來擴大為對中美洲和東南亞等地區的外交援助，以對抗共產主義擴張<br>·在目標國家內運用經濟制裁以轉移其政治，例如促進東歐經濟自由化以及對蘇聯進行經濟破壞作戰 | ·對提昇民主政治的國家（小布希）以及反對伊斯蘭國恐怖主義（歐巴馬）提供經援<br>·以強制性政治行為的制裁作為影響對手國內行為的政策工具，如制裁伊拉克迫其接受武檢，制裁伊朗迫其放棄核武和制裁俄羅斯迫其停止入侵烏克蘭 |

# 三、俄羅斯案例（pp. xvi, chap. 3）

俄羅斯「新世代作戰」思維的實質，是越來越多地使用非軍事手段，並結合軍事工具以達到政治目的。對變遷中的作戰本質的描述最普遍被引用的，是來自俄羅斯的總參謀長格拉西莫夫（Volery Gerasimov）。他認為：

「在廿一世紀，我們已看到一種戰爭與和平之間界線模糊的傾向。……戰爭往往不宣而戰。……以非軍事手段達成政治和戰略目標的角色已日益增長，……其效能已超出武器的威力。衝突方法的應用焦點已改變，朝向廣泛的應用政治、經濟、資訊、人道和其它非軍事措施（配合應用民眾的抗議潛力）。」

俄羅斯案例檢視了當代俄羅斯主要針對波羅的海的政治作戰領域的思想和戰術。案中深入分析了 2007 年 4 月在愛沙尼亞發生的「青銅戰士」（Bronze Soldier）事件，提供理解俄羅斯對非國家實體政治作戰的運用，並且發現環境因素對戰術有效性的影響。俄羅斯採用的手段，有外交與代理人、資訊、網路、情報和經濟。其特別發現包括：

1.俄羅斯將它的活動看作是對美國的防衛性反制。俄羅斯認為美國的促銷民主、支持公民社會，以及它的開放媒體環境，是其國家使用的極具威脅性的政治作戰工具。

2.在愛沙尼亞，俄羅斯對它所謂「新世代作戰」所展現的，是一種機會主義而非蓄意規劃的方法。換言之，俄羅斯是趁危機來進行政治作戰。以型塑行動（shaping operations）

奠基（如針對俄語族群宣傳），隨後在適當時機運用更公開的政治作戰工具。

3.俄羅斯「新世代作戰」的創新，是經濟影響力、社會代理和媒體滲透。

4.俄羅斯在宣傳上大量投入資金，但主要效果是其廣泛的媒體運作，可能是藉由假訊息的混淆而非說服性的增進轉變。

## 四、伊朗案例（pp. xvii, chap. 4）

伊朗採取了一系列非傳統作戰的措施來促進它的區域目標。案例研究評述伊朗廣泛運用政治、文化、資訊和經濟計畫，以擴展它對世界的影響力和夥伴關係。案內詳細檢視伊朗在伊拉克和敘利亞對於民兵的發展和利用。即運用阿拉伯部隊接觸阿拉伯受眾，並作為宗教和政治影響力以及軍事效果的管道。

具體的發現，伊朗的政治作戰包括以下幾項：

1.伊朗「軟實力」戰略很大程度上基於文化、政治和宗教影響力作為主要和有力手段（例如對什葉派（Shi'a）、泛阿拉伯、泛伊斯蘭受眾採用針對性和不同的方法。

2.伊朗在物質支持下，運用文化、資訊和影響組織的世界性網絡。伊斯蘭革命自衛隊聖戰軍（IRGC-QF）僅是其支持的一項因素。

3.伊朗對國外政黨和領袖提供政治與經濟支持，以建立和影響其政府。

4.伊朗的宗教戰術包括資助資淺傳教士和群眾的朝聖。

5.伊朗分兩階段使用民兵：多數伊朗代理部隊成長為政治行動者，需要持續更新代理部隊。

6.在敘利亞使用阿拉伯代理人（包括伊拉克民兵和黎巴嫩真主黨準軍事人員）對伊朗而言無異直接干預。

## 五、伊斯蘭國案例（pp. xviii, chap. 5）

伊斯蘭國因其殘酷作為，和使用從伊拉克與敘利亞部隊奪取的裝備來從事機動作戰的能力而惡名昭彰。但是，它也以敏銳和創新著稱，使用非軍事力量措施，包括以社會媒體（招募戰士和促進其願景）以及一系列政治和經濟戰術擴大其對人口的控制和恐嚇。具體發現其政治作戰包括以下各項：

1.伊斯蘭國（ISIL）宣佈成立「哈里發」（Caliphate），主要是為了在單一旗幟下統一戰士並加強招募。

2.ISIL 有系統地灌輸新兵，剝奪他們過去的身份和防止他們迷途。

3.ISIL 媒體改編限制了由 Twitter 停權所造成的損害；ISIL 從廣播模型轉變為分散而有彈性的溝通形式，該形式依賴跨平台的對等的共享與失業。

4.ISIL 針對不同受眾給予不同信息；ISIL 在阿拉伯媒體中自由地使用暴力和感性語言作品以動員普通成員，而英語頻道則受到更多限制和「國際」關注。

# 六、現代政治作戰的特徵（pp. xix, chap. 6）

1.非國家行為者能夠實施前所未達的政治作戰。

2.政治作戰運用了所有國家實力的要素。

3.政治作戰大量地依賴非專屬的（unattributted）力量和手段。

4.資訊領域是越來越重要的戰場，對成功勝算可能具有決定性的作用。

5.資訊作戰藉由放大，混淆，以及有時是說服的各種方式進行。適時提供有力證據，是破除假資訊的最好方法。

6.檢測早期政治作戰，需要投資大量的情報資源。

7.政治作戰能夠產生意想不到的效果。

8.經濟實力越來越成為強者首選工具。

9.政治作戰經常利用共同的種族或宗教關係，或其它的內在連繫。

10.政治作戰擴展而非取代傳統的衝突，並且能夠達到較低成本的成效。

# 六、簡　析

（一）政治作戰一詞最初出現在第二次世界大戰期間。英國於 1942 年在倫敦成立「政治作戰執行處」（PWE）秘密機構，從事對德義日的政治作戰，在其對內發行的工作手冊附錄中，曾加以定義：「政治作戰是依據較高層戰略需要，

用以影響敵區和敵佔領區人民的意志，進而導引其行動的有系統過程」。這一用詞成為冷戰時期西方國家對於敵手進行非軍事戰鬥性作為的認知與應對策略。我國則是由蔣中正先生首先提出。他先是在 1952 年指出「現代的戰爭，就是政治戰爭」，接著於 1956 年明確界定：「除直接以軍事或武力加諸敵人的戰鬥行為外，皆可謂之政治作戰」。中國大陸則首次出現於 2004 年軍中學者公方彬的《政治作戰初探》一書中。

　　（二）有關政治作戰用詞，本書提到美國官方所使用的多種稱謂，有「灰色地帶衝突」（gray zone conflicts）、「混合作戰」（hybrid warfare）、「不對稱作戰」（asymmetric warfare）和「非正規作戰」（irregular warfare）；俄羅斯官方稱為「軟實力」和「新世代作戰」（new generation warfare），中國大陸則稱之為「超限戰」。 但實際上，美國官方所使用的還有「低強度衝突」（low intensity conflict）、 「戰略溝通」（strategic communication）；其非官方智庫軍文學者使用的名稱，除本書的「政治作戰」外，還有「心戰宣傳」、「第四代戰爭」、「第五代戰爭」、「公共外交」、「反叛亂」等。所指中國大陸的「超限戰」並未納入官方文件，其官方使用的則是「戰時軍隊政治工作」、「三戰」（輿論戰、心理戰、法律戰）、「非戰爭軍事行動」、「統一戰線」（統戰），以及軍文學者提出的「超限戰」、「軍事軟實力」、「瓦解戰」、「政治作戰」、「公共外交」等。

　　當代中國大陸對外、對台的政治作戰之運用及案例經驗與效能，遠多於本書所述各案。作者雖亦意識到其重要性，但卻未納入案列分析，只強調將作為後續研究案例。

（三）美國一般學者習慣於西方國家安全戰略思維，從國際、外交關係面與國家層次角度來分析現代的戰爭型態演變和政治作戰運用（如上述政治、經濟、資訊和軍事面向），亦即偏重由國會、白宮及國安會、國務院、國防部以及中情局所主導的國家安全與戰略的層次。至於軍事作戰中的政治作戰之戰法戰術（如美軍相似於國軍政戰領域的心戰、民事、公共事務、軍牧師等），本書中並未涉及。

（四）美國一向自認為其自由人權民主政治是普世價值，而以強制性方式向發展中國家推銷。同時，因不屑於早期納粹和俄共極權的宣傳方式，而堅持以公開透明、溝通說服方式提供訊息，爭取認同。然而，美國在實際作為上，並不如它表面上的光明磊落。就如此一專案研究所暴露的，美國多數政治作戰活動，都出自於 CIA 的秘密、骯髒的行動，甚至從事暗殺。

（五）政治作戰之形成一套有系統的理論、組織和技術，並且有效地運用在對付對手上，始自列寧革命奪權成功後所建立的蘇聯紅軍，並影響到國共兩黨軍隊政工制度的建立，成為雙方政治、經濟、軍事、社會、文化等各種鬥爭場域上成敗的關鍵因素。時至今日，仍然是兩岸間，乃至台灣島內無硝煙、非傳統作戰大行其道的戰略、戰術，而在資訊網路科技推動下更助長了它驚人的功效。

民進黨從國共兩黨學到的政治作戰運用在選戰和爭奪政權過程中，更是青出於藍而（綠）勝於藍；例如社會運動（群

眾戰)、媒體與網路社群的掌握(輿論戰)、司法、檢調、立法的影響(法律戰),透過課綱、教育、網路等方式的「去中國化」灌輸(思想戰),以及長期有計畫地培養青年軍、網軍和黨團的發展與立法院鬥爭(組織戰),這些政治鬥爭戰法的施展,無不針對打擊敵對政黨、爭取民心、型塑本身形象而為(心理戰)。

(六)政治作戰是古今中外任何國家或政治集團,在處理衝突和從事戰爭時,都必須考慮和採取的作為。儘管早期並沒有這一名稱,但其實際作為都蘊含政治作戰的思維和採行一些相關的作法。二十世紀兩次世界大戰及冷戰期間,納粹和共黨對於心理戰和宣傳的運用,以及後冷戰時期和「911」事件後,戰爭型態和安全威脅認知的改變,更使政治作戰逐漸受到國際政治學者和各國軍政領導精英的重視。就以美國而言,除了本文引介的這本書以外,早在二次大戰後,官方智庫就陸續出版過幾本專書,如《戰爭新境界:政治作戰的現在與未來》(1963)、《論政治作戰》(1989)、《政治作戰與心戰》(1989),以及《政治作戰藝術》(2007)等;至於期刊論文,更是不計其數。

(七)政治作戰對中華民國軍隊而言,更具有特殊與非常重要的意義。國軍從大陸時期國共鬥爭的經驗中,深深體會到政治作戰在整體戰爭中成敗得失的關鍵作用。來台後的整軍經武,重建政戰體系,推動政戰工作不遺餘力,就是基於這一體認。遺憾的是,由於台灣社會受社會變遷與政治發展的衝擊,兩岸交流帶來危機意識的被沖淡,以及國軍組織

編制的精簡調整，都使得政治作戰無論是在組織上或是實際工作推動上，都有日漸萎縮的傾向。

然而，儘管有此傾向，政治作戰的重要性反而更為凸顯。後冷戰時期的幾次局部性戰爭中，包括波灣戰爭（1990）、科索沃戰爭（1999）、美阿戰爭（2002）、美伊戰爭（2003）等，以及迄今所發生的許多局部性衝突中，心戰、宣傳等政治作戰作為，在勝敗中常扮演關鍵角色，就是明顯的例證。

同時，在冷戰後新戰爭型態發展趨勢下，一方面，戰爭的遂行或衝突的因應，更日益依賴人類智力及其以知識、科技為基礎的人類創意的發揮；另一方面，掌握合法暴力的武裝部隊的任務，也因之改變，所謂「非戰爭性軍事行動」（MOOTW，如災害疫情救助、反恐、維和等）的新任務，也日益受到重視。美軍已將之納入聯戰準則，並且也引起海峽兩岸高度的關注。而這一轉型所牽涉的軍隊的新任務和性質，就是政治作戰的範圍，也是政治作戰的功能所在。

筆者一向認為，政治作戰的名稱和組織型態等，在人類衝突或鬥爭不斷演變趨勢下，是可以和需要討論與調整的，不必過於拘泥意識型態和本位主義。至於其性質、功能與作為，古今中外無不極為重視和加以運用，且與時俱進。從事此項工作者，實不宜妄自菲薄，應有信心。

（本文評析部分所引資料及若干觀點，出自拙作〈新世紀政治作戰的意義與範圍〉，收錄於洪陸訓編，《新世紀的政治作戰》，國防部總政戰部，2007）

# 知識經濟與教育發展

張宗鑑（影劇系）

## 一、前　言

　　在資訊爆炸，科技知識迅速創新的洪流中，守成必然被時代所遺棄和淘汰，創新速度不夠也必然在競爭中失敗，唯有不斷的快速知識創新，才能持續地屹立在時代洪流中沛然莫之能禦，自 1996 年 10 月 8 日世界經濟合作發展組織在發表「科學技術和產業展望」的報告中，提出「以知識為本位的經濟」全世界學者一改以往經濟型態的認知，一致認同「知識是生產力提昇和經濟成長的主要驅動力」，近年來，世界各國在生產、投資和就業方面，都轉向到以知識為驅動力的經濟模式，運用知識經濟以達到低物價、低失業率；高所得、高成長的經濟建設，積極推動資訊化教育，通訊技術革新，寬頻網路建設……為了因應「知識經濟」的需求而極力擴充兒童和成人的學習機會，孕育了「終身學習」為國家教育的最高指導原則。我們在此特就「知識經濟」和「教育發展」作一綜合性的探討。

## 二、知識經濟的意義與範圍

　　「知識經濟」是建立在知識與資訊的激發，擴散和應用

之上的經濟。創造知識和應用知識的能力與效率將凌駕於土地、資金等傳統生產要素之上，而成為支持經濟不斷發展的動力。換句話說，土地、設施、勞力和資本不再是主導經濟發展的力量，只有依賴知識的累積、應用與轉化、跨越傳統的思維，以創新、科技、資訊、競爭力、全球化；作為經濟成長的動力，進而提昇生產力，創造財富。

經濟合作發展組織將知識分為四種型式：

1.事實知識（know what）

2.原理知識（know why）

3.技能知識（know how）

4.人力知識（know who）

而其發展的要素為科學與技術的研究，資訊與通訊的技術，和勞動力的技能水準。

我國政府在「知識經濟發展方案」中昭示國人「知識經濟就是直接建立在知識與資訊的激發，擴散和應用之上的經濟；創造知識和應用知識的能力與效率，凌駕於土地、資金等傳統生產要素之上，成為支持經濟不斷發展的動力」。

簡言之，知識經濟就是鼓勵知識的創新，將知識做有效的儲存、管理，並有的傳播、散佈，以廣泛地被用在經濟發展的整套體制，進而促進經濟的發展和社會的和諧。

知識經濟的範圍，概言之，有資訊經濟和高科技經濟兩大類，所謂資訊經濟係指以資訊為主體的產業結構，諸如電子業、通訊業、郵電業、電腦業、交通業、廣播電視業、報刊業、科學技術和教育文化事業等。所謂高科技經濟係指以高科學技術為基礎的經濟，諸如生物工程技術、資訊技術、

航太技術、海洋工程技術、新材料技術（超導體、超高溫、人工合成、纖維、非晶態、超微粒、高性能結構）等，種類繁多，不勝枚舉，但不論是資訊經濟或是高科技經濟，都是以經濟為基礎，以智力的開發利用為先導，統屬知識經濟的範圍。

# 三、知識經濟的特性

知識經濟植基與對傳統經濟的比較，其重要特性有下列數點：

一、資產投入以智力為主體：

資產的投入不在於資金、設備、土地、房屋、原料等有形資產，而是以人的智力水平及智力開發程度的無形資產為主題。

二、產品型態以知識密集為基礎：

產品型態以高度的知識密集為基礎，企業唯有依靠新的知識密集型產業，才能持續居於領先的地位。

三、經濟市場以全球為一個整體：

全世界成為一個廣泛而實用的整體市場體系，不再以佔領國土來炫耀國力，而是以競爭力來跨越國界，擴展產業版圖。

四、生產效能以高效益為基準：

速度決定一切，產品要求具有高價值的水準，以獲得最大的經濟效益。

五、經濟管理以網路為骨幹：

　　經濟管理的骨幹，係基於間接的資訊化管理，建構「網上管理」體系，利用數據化、系列化、程序化以及組織化系統，有效協調與控制生產的運作。

　　六、知識經濟以持續創新為核心：

　　知識的創新與改造，自然環境和社會人口問題的緊密接合，才能不斷的創新，保有經濟的持續發展，以增進人類的財富。

　　七、知識經濟社會的知識以速度快為中心：

　　知識會快速的暴起，也會快速的過時沒落，昨天的光輝燦爛，明天就可能枯萎衰竭。因此，對品質改善的速度要越來越快，價錢則要越來越便宜。

# 四、知識經濟與教育的關係

　　現代的經濟發展，正在無聲無息的顛覆者傳統的經濟制度，破壞傳統的產業結構，靜靜地改變著我們的生活規律，面對這種莫之能禦的經濟狂飆浪潮，唯有調整步伐，積極迎接挑戰，才能致勝，否則只有淹沒在這一波洪流裡，故知識經濟時代的來臨，帶來了機會，也帶來了挑戰。

　　要如何做好迎接知識經濟時代的挑戰呢？我們知道知識經濟的核心就是知識，不但要擁有知識，累積知識，更要創新知識，轉化知識，分享知識。然而知識從何來？當然是學習；我們要認清知識的獲得與累積，要靠與周遭環境不斷的互動、創新、轉化與分享，更需要環境的激發與提供；因此，知識要透過與環境不斷的互動而獲得。是故，教育與學習正

是獲取與運用的基石。

傳統的經濟發展著重在資金、土地、設備、勞動力、原料等的獲得，但是知識經濟的時代，唯有知識才是最具有價值的商品，故教育與學習在知識經濟時代的重要性，已不言可喻。

質言之，知識經濟與終身學習的教育制度，關係極為密切，沒有終身學習的教育，知識經濟將無由發展；沒有知識經濟的發展，終身學習的教育體制將失去屏障和依賴，我們必須以終身學習的教育體制，迎接知識經濟的挑戰，以知識經濟引導終身學習成為全民一致遵行的運動。

# 五、知識經濟時代的教育發展

知識經濟帶來一股洶湧澎湃的浪潮，迫使教育體制進行重大變革，以適應時代的脈動和社會的需求，以知識為核心的知識社會，自然也有賴教育系統研究創新知識，同時培育、創造、應用及管理知識的人才，因此，教育或學習制度成為知識經濟的首要課題。

知識經濟的紮根、萌芽、生長及開花結果，有賴新教育作為灌溉滋養的營養水分，教育不再侷限於傳統的學校教育，而應體認到知識經濟時代，知識在產業型態中的角色，調整教育的觀念及內容，設計延伸正規、非正規、正式、非正式的教育管道，以終身教育、終身學習為原則，多管齊下的教育策略，充分發揮教育在知識經濟時代的積極角色和功能。

　　為了實踐終身教育、終身學習的理念，必須突破傳統教育的限制，矯正正規教育的偏差，將各種學習機會，整編成貫穿個人一生，既統整又開放，既連續又有彈性的新教育體系，因之終身學習體系是改革現有教育實施的最高指導原則，目標就是組成一個提供終身學習的完善教育體系。此一體系，對象是全民參與、終身需要，內容是人生的全部，形成一個人人學習、事事學習、時時學習、處處學習的新教育制度。這種教育制度，不限於學校的學習，也包括了家庭學習，離開學校後的成人學習，蔚成舉國上下不分男女，不分老幼的全民學習運動。

　　兒童呱呱墜地，就在家庭中生活和學習，學到日常生活的基本技巧，兄弟姐妹間的競爭合作，工作行為的鼓勵與挫折，對兒童未來一生具有非常重要的啟蒙作用。過去，把家庭看作是經濟政策的附屬物；現在，緣隨著家庭經濟功能的發揮，如家庭成員相繼投入社會工作，而改變家庭，成為社會最基本的經濟單位。中、壯年的成年人，他們之中百分之八十的人，在未來十年內，仍會繼續站在工作崗位，奉獻心智，故成年人的教育訓練，在知識經濟社會中，仍是相當重要的一個環節。

　　知識經濟最強調的是速度和變遷，知識經濟下的知識，需要不斷地被創新與運用，但也很快速的過時，成為明日黃花，單靠正規的學校授課知識，已是嚴重的不足應用，因為學校教育所能提供的知識，僅是一些普通性的基本知識，個人仍需到學校以外去擷取大量的新知識，才能應付急速變遷的知識社會挑戰，同時，由於知識快速過時的結果，唯有處

處學習、時時學習、繼續不斷的學習，才能免於落伍淘汰的命運，故終身學習，正是迎接知識經濟社會挑戰的良方，也唯有終身學習，才能實現知識經濟社會的偉大目標和願景。

終身學習的教育，不僅是人類生存的手段，也是社會進步和財富累積的不二法門，為期達到知識經濟社會的願景，我們應從事下列策略以謀求教育的發展：

（一）建立終身學習的正確觀念

觀念是行為的指引，有了正確的觀念，才有一往直前的行為表現，我們知道，知識社會最重要特性之一，是知識的快速暴起，快速過時沒落，唯有不斷的吸收新知識，才能趕上時代，因應社會的挑戰；唯有學習，才能免於落伍淘汰；也唯有終身學習，才能永續適應現代的知識社會，我們要認清：傳統的教育模式，已被知識社會的時代洪流所淹沒淘汰，終身學習理念的培育要從家庭開始，透過學校教育的加強，而成熟於成人教育，唯有具備終身學習的正確觀念，才能養成積極的學習態度，達成知識經濟的社會。

（二）家庭學習奠定終身學習的基礎

在知識經濟社會中，家庭是最基本的經濟單位，要自己創造原料和人力資本，父母便是這一家庭中子女的良師益友，如果家庭沒有穩紮的學習方針，則知識經濟缺乏先天的滋潤，是故政府應設計整套的政策：如育嬰假，托兒津貼與學前教育，協助各種型態與各式規模的家庭，都能適當的鼓勵子女學習。

（三）學校教育應以發展基本能力培養學習興趣為重點

學校是協助個人學習的專業場所，透過專業人員的協助

和群體學習的氣氛，發展能夠終身學習的基本能力。（尤其是基本的語文與數學能力）對他人負責的行為能力，創造與合作的能力，同時體驗學習的樂趣，培養終身學習的興趣，而最重要的是發掘個人學習的優點，克服個人的學習障礙，以保障其終身學習的繼續發展。

（四）加強學習方法的學習

傳統教育強調學習內容的灌輸和課本內容的博聞強記，不著重學習過程的能力與態度，忽視學習方法的實際體驗，終身學習除了基本能力的學習外，更強調蒐集資料、分析結果、分組討論、完成報告等方法，以強化學習能力與方法的鍛鍊，俾能在激烈競爭的知識社會中，不斷的累積知識，維持競爭力。

（五）推動全民網路學習

網際網路是知識經濟的大市場，透過網路的連結，可以打破時空的限制，進入快速的、有效的、系統化的全球大社會，獲得最新資訊與知識，因為網路科技所建立的開放學習網路，是終身學習的良好制度，最能適應人人學習、事事學習、時時學習、處處學習的需要。

（六）建構資訊與學習的交換中心

知識經濟的社會，強調知識的傳遞、交換與分享，在網路上設置提供學習訊息，資訊交換與分享的學習中心，俾能發揮快速、便捷、高效率及統合的功能，形成一個連接各地資訊網路的交換中心。

（七）加強成人的在職進修和訓練

廣大的成年人口，在未來十至二十年內，仍是職場工作

的主要人力，因此，提供這一部分人的在職進修和訓練，增強他們對新知識的獲得、累積、激發他們創意的產生，才能加強企業競爭力，達成知識經濟的願景。

（八）加強研究創新、發展學習型組織

知識需要創新，創新需要學習，知識經濟社會就是一個永無止盡的學習社會，而學習社會的　兩大基石就是：終身學習的個體和學習型的組織，因此，我們要將社會上各種組織轉化為學習的組織，以達到處處是學習的環境，才能面對廿一世紀的挑戰，提高其企業的國際競爭力。

（九）建立完整的終身學習架構

在知識經濟的時代，財富的來源不在土地、資本、勞力，而在腦力的開發，唯有腦力的不斷開發，才有源源不絕的嶄新創意，是故，腦力開發是創新的源頭，也是知識經濟的原動力，但要做到不斷開發腦力，激發創意的來源，只有透過完整的終身學習架構，才能提高人力素質，達到知識經濟的使命。

（十）建立學習成就認證制度以整合終身學習體系

每個人參與學習的動機和興趣，可在學習活動中獲得滿足，而這些成就若能予以肯定和認可，就能激發另一波繼續學習的興趣與動機，如此環環相扣，形成一系列的學習循環鏈，促成終身學習的實踐，如果從整合考量出發，在終身學習的環境中，建立學習成就的認知方式，就可使學習的動機和興趣維持不墜，達到累積學習成果的效用。我們這世界正以前所未有的速度在改變，工作性質也不斷變化，很多工作職位以驚人速度消失，唯有學習認證制度，才能促使人們在

整合的學習體系中繼續學習，加速學習，帶領我們迎接未來的挑戰。

（十一）強化非正式的學習環境

個人除了一定時間的正式學習外，還有大部分時間有賴於非正式的學習體系，予以知識的補強，諸如歐美各國，都設計有配合終身學習體系的圖書館服務系統，社區化的學習方式，統合而具有彈性的學習合作機構等，以擴大終身學習的領域。

# 六、尾　語

這是一個不確定的年代，這是一個顛覆傳統的年代，由於科技知識的急速創新，諸如電腦、電信、微電子、新人造材料、機器人、生物科技等結合互動，創造了一個嶄新的知識經濟世界，創新知識成為累積財富的唯一手段和企業永續生存發展的不二法門，目前我們目前雖已有老人社區大學的建構，可是在「質」與「量」方面仍有拓展的空間。期望配合新的教育發展謀略，透過終身學習的體系，開發潛力，積極培養知識人力，以因應知識經濟的需要。但對知識經濟可能帶來的負面影響，諸如貧富差距的加大，金錢至上觀念的滋長，違法亂紀行為的盛行，社會秩序的紊亂加深……，凡此種種，也應在教育發展上未雨綢繆，早謀防範之計。

# 法律終於變成了笑話

賈育民（法律系）

　　2007 年 3 月，我在軍法學校建校五十周年紀念特刊發表了一篇〈莫讓法律成為笑話〉的文章，敘述了在擔任軍法官期間以及退伍後從事律師業務的幾件印象深刻的案例，使我深刻體認到法律是在為政治服務，法律人的肩膀越來越軟了，難見捍衛司法正義的鐵漢！十多年過去了，我從事法律工作已滿 50 年，常自問司法有進步嗎？想必與民眾的看法相似，而與當政者的看法相悖。

## 一、一個士官被「虐死」竟廢了軍事審判制度

　　「洪仲丘事件」指 2013 年 7 月發生在中華民國陸軍的死亡案件：義務役士官洪仲丘原預定於 2013 年 7 月 6 日退伍，卻在 7 月 4 日死亡。由於死者生前疑似遭「欺凌」、「虐待」或其他軍事「醜聞」而引發社會輿論關注。國防部在 2013 年 7 月 15 日公布的行政調查報告，指陸軍第六軍團及裝甲 542 旅、機步 269 旅都有違失，禁閉程序出現瑕疵。

　　洪仲丘於 2013 年 6 月底退伍前夕，因攜帶具備拍照功能之行動電話和 MP3 隨身碟進入軍營，被指控違反軍隊資訊安全保密規定，甚至有與衛哨人員發生爭執等情形。洪仲丘懲處案經士官獎懲評議委員會，函送機步 269 旅高山頂營區，

實施禁閉室「悔過」處分。7月3日造成洪員中暑、熱衰竭，引發彌散性血管內凝血而死。

於是「白衫軍運動」出現，要求軍隊社會化。立法院於同年8月13日火速通過《軍事審判法修正案》。第一條將軍事審判區分為戰時與非戰時，僅有戰時才適用軍事審判法；非戰時則回歸普通法院依刑事訴訟法審判。外界稱此為「洪仲丘條款」，使軍事案件得以普通法院審理。

此案經臺灣桃園地方法院於2014年3月7日宣判，徐信正判處八個月有期徒刑，542旅旅長沈威志等另外12名被告3至6個月徒刑，另5人無罪。2015年2月9日，高等法院二審宣判，何江忠、徐信正、劉延俊、范佐憲、陳以人共同公務員假借職務上之權力私行拘禁，何江忠、徐信正各處有期徒刑3年；劉延俊、陳以人各處有期徒刑2年；范佐憲處有期徒刑2年8月。 郭毓龍公務員假借職務上之權力私行拘禁，處有期徒刑3月；又公務員假借職務上之權力私行拘禁，處有期徒刑6月；應執行有期徒刑8月。蕭志明、陳毅勳、李念祖、宋浩群、羅濟元、陳嘉祥、黃聖筌、李侑政、黃冠鈞均從事業務之人，因業務上之過失致人於死，蕭志明、陳毅勳、李念祖各處有期徒刑6月；宋浩群、羅濟元各處有期徒刑5月；黃聖筌處有期徒刑4月；陳嘉祥、李侑政、黃冠鈞各處有期徒刑3月；以上有期徒刑，如易科罰金，均以新臺幣壹仟元折算壹日。陳嘉祥、李侑政、黃冠鈞均緩刑2年。沈威志無罪。

本案經高等法院更一審認定，沈威志已將洪仲丘的求助訊息轉交下級主管調查，並無犯罪故意，均改判無罪。最高

法院再度駁回檢方上訴，沈威志無罪確定。

在此可以討論的是，何謂戰時？何謂非戰時？兩者如何界定？目前存在的最大的潛在敵人應屬中共，假設中共武力犯台，總統是否要依憲法第 38 條規定宣戰？或依憲法第 39 條宣告戒嚴？待總統宣戰或戒嚴的告示發布後，各軍事單位的戰鬥體制已經發動，台灣各地已陷入敵人飛彈攻擊的情形，軍事法庭如何立即組織？軍法人員如何歸位？軍事法庭能否立即成立？戰爭一發生，社會必定動亂，遇有犯陸海空軍刑法分則第一章所定違反效忠國家職責罪、第二章違反職役職責罪、第三章違反長官職責罪、第四章違反部屬職責罪、第五章其他軍事犯罪必然急速增加，即使能在三天內完成整備，國軍還有多久抵抗的能力？你還指望現代的年輕人會犧牲生命來保衛別人嗎？況且現代化的戰爭我們面對強大的共軍，能抵抗幾天？說不定軍事法庭尚未組成，戰爭已經結束。

國軍失去了軍事審判權，宛如失去領導統御的能力，雖然我已離開軍中逾 40 年，猶要長嘆一聲，唉！算了吧，「這個國家」。

## 二、撤回對「太陽花學運」126 名被告的告訴是政府鼓勵民眾違法

2016 年民進黨籍總統蔡英文新內閣上任，行政院長林全簽署的，繼例行性人事公文後的第二份公文，是撤回對 126 名「太陽花運動」參與者的告訴乃論之刑事告訴，這也是林全內閣的第一個政治決策。

「太陽花學運」期間，學運人士攻占立法院、入侵行政

院，涉及相關法律責任，包括妨礙公務、侵入住宅、毀損等刑責，共有 126 人被行政院提起告訴，而行政院長林全認為這是政治事件，決定撤回告訴乃論部分的訴訟。

對此，前行政院長江宜樺表示，太陽花運動是近年來規模最大的社會運動，當它以反對兩岸服貿協議為由，而占領立法院癱瘓議事時，社會對這個抗議行動感到震驚，但也有一定程度的同情。然而一周之後，太陽花的激進勢力突然攻擊行政院，以暴力方式衝破警方阻絕設施、拆毀辦公大樓門窗，肆意破壞政府公物，這就完全逾越了民主示威遊行的紅線，也違反了理性、和平的原始訴求。

江前院長認為林內閣對太陽花激進人士的撤告，恐怕不是社會和諧的開始，反而是政治掛帥決策的開始，也是是非價值混亂的開始。所有善良正直的台灣人民都應該要有心理準備，必須挺身捍衛法治社會應有的原則。

此外，更可笑的是：臺北地方法院竟對臺北市警察局中正一分局警員在執行取締太陽花學運期間，行使公權力造成學運人士肢體受傷，竟需賠償新台幣 110 萬元，這在全世界可說是絕無僅有。可以預期這不是動亂的結束，法律任由政客們玩弄，社會的公平正義在哪？如此的踐踏法律，使法律終於變成了笑話！

法律，原本是神聖不可侵犯的，如今在政客的操弄下，變成打擊異己的利器，像是促進轉型正義條例、政黨及其附隨組織不當取得財產處理條例，不都是為了清算、鬥爭中國國民黨而立的專法？你還能指望法律讓人民信賴嗎？

# 附　錄、復興崗第 14 期第 9 屆同學會會訊

## 一、復興崗 14 期同學畢業 52 週年
## 聯誼會活動程序表

江潤滋

（日期：109 年 9 月 8 日　地點：台北市國軍英雄館）

| 時　間 | 活動內容 | 主持人 | 備　考 |
|---|---|---|---|
| 08:30-0950 | 報到 | 接待組 | |
| 0950-10:00 | 向往生同學<br>默念致意 | 司儀 江潤滋 | |
| 10:00-12:00 | 1.主席致詞 | 會長 洪陸訓 | |
| | 2.貴賓致詞 | 會長 | |
| | 3.會務工作報告<br>財務工作報告 | 秘書長 王榮川<br>財務長 馬子堅 | |
| | 4.主席結語 | 會長 | |
| | 5.選舉新會長 | 會長 | |
| | 6.新舊任會長交接 | 會長 | |
| | 7.新任會長致詞 | 新任會長 | |
| | 8.團體攝影留念 | 司儀 | 先全體後班系 |
| | 9.同學自由<br>聯誼歡聚 | 司儀 | |
| 12:00-14:00 | 聯誼餐會<br>同學娛樂 | 司儀 | 餐後賦歸 |

# 二、第 9 屆同學會會務工作報告

秘書長　王榮川

　　本服務團隊從 107 年 9 月接班以來，在會長領導下舉辦或參與許多活動。限於時間僅列舉以下較重要活動，提出報告。報告前先要感謝會長洪陸訓及資訊長張宗鑑、財務長馬子堅提供相關資料。

（一）服務團隊及同學集體參與的活動

　　1. 第 9 屆服務團隊的交接。民國 107 年 9 月 21 日新任會長洪陸訓從第 8 屆服務團隊接手，展開新的里程。

　　107 年 9 月 22 日，復興崗高雄地區校友會成立大會，本期同學蔡勝隆獲選理事長。同學會由新舊會長洪陸訓、高祖懷率隊南下祝賀，並贊助大會活動費一萬元。參與同學有：高祖懷、洪陸訓、劉建鷗、江潤滋、董樹雲、邱麗霞、萬榕榕、王蜀禧。

　　2. 107 年 9 月 28 日教師節參觀李奇茂大師畫展。地點：台北市幼華藝廊。在洪會長帶領下，有 11 位同學參與盛會。現場有復興崗校友會會長李天鐸及秘書長賀新民親臨道賀。

　　3. 107 年 10 月 10 日參與復興崗校友會的雙十節國旗隊活動。活動意義主要在於彰顯「愛國旗愛國家」，參與同學熱烈，共有 26 人。在場的復興崗校友一致認為：14 期團隊是歷經 50 年來最為堅強、合作的團隊。

4. 107 年 11 月 11 日參加在總統府前廣場「復興崗校友1111/1400 風雨無阻動員令」，支援校友會參加六都候選人造勢活動。本會由洪會長召集，總連絡長江潤滋帶隊。活動當天人聲鼎沸，喧嚷聲中有擊鼓等表演節目，然後陸續有國民黨政治人物（如吳伯雄、張善政）上台表達支持台北市長候選人丁守中。之後還有重量級的人物陸續上台助選（包括來自台南的議員謝龍介）。人數聚集約有 3 萬人，座無虛席。幸有現場服務團隊熱心安排座位，使出席同學都有座位。這天本期參與同學含伉儷人數超過 40 多人。

5. 108 年 1 月 4 日參加母校 67 週年校慶活動。當天在洪會長率領下參與的同學有 24 位。慶典照例在中正堂舉行。會中頒發「傑出校友獎」，獲獎 19 位中有本期同學劉小卿，我們感到與有榮焉。大會結束後，我們進行「校園巡禮」，除參觀在藝術系的焦士太「90 回顧展」，也在劉建鷗引領下參觀新聞系館展示。午餐在學生餐廳，每人一個高級便當，還有一個共享的火鍋。讓我們不禁憶起半世紀前共餐情境。此次活動本期同學來了 20 人，共兩桌。

6. 108 年 1 月 13 日參與經國先生逝世 31 周年紀念音樂會:「走過璀璨-經國先生音樂會」。時間是下午 14 時，地點在台北大安森林公園。節目由復興崗校友會長李天鐸主持。節目開始由一位曾擔任過蔣經國侍從（讀報給蔣聽）的貴賓致詞，他也是陪蔣到往生的身邊者。他講自己所看到的蔣經國。之後就是由復興崗學弟妹們的精彩歌唱的節目演出（也有搞笑相聲節目）。活動圓滿結束後，大家齊唱「國家」及校

歌。此次參與同學及眷屬合計有 21 人。會後大家開心在舞台前留影紀念。

　　7. 108 年 2 月 9 日黃錦璋同學當選宜蘭縣榮光協會理事長，洪陸訓會長偕同吳恆宇、沈遠蓬、吳信義代表同學會前往會場獻花祝賀。宜蘭地區榮民有 3 千 6 百多人。錦璋同學素來關心榮民生活起居，深受當地榮民敬愛。凡單身就養者孤獨過世，錦璋同學都會率同榮光協會成員參與告別式，以增哀榮。

　　8. 108 年 2 月 14 日（農曆 1 月初 8）春節團拜。地點在大直的碧海山莊 2 樓。同學遠從全台各地南來北往來共襄盛舉。總共來了 119 位同學與眷屬。其中有遠自高雄來的蔡勝隆會長、台東來的夏繼曾賢伉儷與巫榮光同學、花蓮來的游昭仁會長與劉重信聯絡長、台中來的王夢龍會長、宜蘭來的吳恆宇聯絡長等等……。當天大家一邊圍爐用餐，並有歌唱與摸彩，彩禮、彩金都是同學捐出。前會長蔡勝隆還慷慨捐 1 萬元做為同學會基金。前會長高祖懷也攜一箱高粱酒助興，並捐 3 千元作為彩金。此次歡聚席開 12 桌。團拜的氛圍溫馨熱鬧，令人難忘。我且引用資訊長張宗鑑的七言絕句，以概括形容：十方豪俠風雲會，四載同窗革命情，碧海山莊溫舊夢，滿堂洋溢笑歡聲。

　　9. 108 年 3 月 29 日上午參加「紀念蔣公暨革命先烈大會師」。這是中央軍校校友會為紀念先總統蔣公豐功偉業，特於中正紀念堂舉辦「紀念先總統蔣公暨捍衛中華民國大會師」活動。活動在顯示維護中華民國法統、捍衛中正紀念堂及抗議轉型「不義」之不當政策。當天在洪會長率領下參與同學

有 18 人。

10. 108 年 4 月 13 日下午參觀牡丹花名畫家邢萬齡同學在台北市上古藝術當代館的繪畫個展。萬齡同學的藝術成就享譽兩岸及海外,讓同學與有榮焉。現場除了欣賞名家的作品,也目睹他當場揮毫。當天出席同學共有 27 人。

11. 108 年 7 月金國樑(中華民國退伍軍人協會副理事長),在會員大會邀同學一起參與,會中特請游昭仁同學現場演奏其拿手樂器薩克斯風。並邀三教授班同學在台北聚餐。

12. 108 年 10 月 10 日下午參加「愛國旗愛國家雙十節」活動。地點在國父紀念館。此活動參與者各類型團體皆有,共同特色是認同與支持中華民國,故氣氛熱烈,人人皆持國旗,展現一片近來難得一見的旗海。14 期參與同學與眷屬合計 32 人。

13. 109 年 2 月 5 日上午 10 點春節團拜。地點是國軍英雄館 7 樓。這是一場難能可貴的聚會。因為開會通知發出去後不久,卻發生震驚世界的 covid19(新型冠狀肺炎)。而當時回應參與的同學已超過百人。有人建議延後舉辦,但承辦團隊居於同學的熱誠,還是照原計畫舉行。雖然當天出席人數有減,但仍有 84 人(含眷屬 11 人)。前來參與的同學來自全省各地;也有從國外回來的(如申朋生伉儷)。現場氣氛熱絡,載歌載舞。讓前來參與聚會的復興崗校友會會長李天鐸在致詞時,也直白的說:「14 期的校友是我參加許多期別的校友會中最團結的一期。」

曲終人散後,服務團隊除了協助恢復場地,馬上就在隔壁房間進行「第 9 屆同學會第 4 次幹部會議」。會議的主旨:

「討論研擬編印『復興崗 14 期第九屆同學會會訊』」(預計民國 109 年 9 月出版)(會訊現已改為《走過塵土與雲月》第三集以延續前兩集)。

　　14. 109 年 7 月 11 日李天鐸會長親自前往花蓮參加「花興崗校友會」會員大會,並致贈加菜金。「花蓮縣復興崗校友會」在 14 期前後兩任會(理事長)長林　博、游昭仁同學及團隊幹部共同努力下,於去年 7 月 11 日正式在花蓮縣政府立案成立。今年會員大會,花蓮縣縣長徐臻蔚、黃復興黨部花蓮支黨部主委均蒞會祝賀。在母校資深新聞系退休蔣金龍教授也出席;退休後旅居美國多年三期年啟宗教授也參與,並致贈每位會員三本他的著作,參與校友會會員包括專科、專修、3～40 期學長姐、學弟妹,另外及復興崗 3、4、5 期學長,堪稱老、中、青齊聚一堂。會場瀰漫溫馨歡樂氣氛;再在顯示復興崗這個大家庭,才是凝聚、照顧我們彼此最大的軸心力量,願所有校友珍愛這份情誼,持續愛護、支持校友會(含各地區),給予力量,讓我們永續經營,成為校友依靠港灣!

　　15、109 年 7 月 26 日參加 14 期同學會前會長蔡勝隆的告別式。這一天北部同學約好一起從台北火車站,搭 6:30 的 203 車次高鐵。在 8:15 到達左營站,下車再搭上高雄校友會所派來的遊覽專車,然後駛向高雄彌陀區的彌陀彌壽宮:公祭會場。此時與南來北往的校友會合,然後在洪陸訓會長的引領下,同學一起向我們敬愛的前會長蔡勝隆獻花祭拜,再向前撫慰蔡夫人及其家屬。儀式結束後,同學在廳外與校友、各地來參與的同學寒喧問候後,再搭專車回左營站

一起北歸。總計此次前來祭弔的同學與眷屬合計有：黃南東、高組懷、劉建鷗、張宗鑑、潘慶權、張瑞華、陸安民、龔巧蘭、吳信義、張代春、葉育南、黃光勳、王漢國、洪陸訓、董樹雲、談鴻保、江潤滋、江鴻洲、周玉芬(學妹)、王夢龍、邱麗霞、安哲賢、趙華淼、楊秀錦、楊曉梅、王榮川、潘秀淨、何德大、寇文漢、胡崇光、朱文森、王勇敢、賴宏偉、王蜀禧、李明祥、李大同、謝世經、王映崑、游昭仁、洪文學。(聯絡長江潤滋提供名單)

　　(二) 慰問、贊助事項
　　服務團隊除了上述招集同學參與有意義的大型活動，居於對各地區同學的關愛，只要獲知有同學生病、住院，或同學各班系及區域辦活動，會長或服務團隊幹部都會前往慰問與贊助。簡述如下：
　　1. 慰問。107年至109年為止，曾慰問過的同學有：王公軫、張嵩懿、費鴻福、王夢龍、晏自強、王景浩、楊志昆、王瑞珏、安哲賢 (兩次)、陳文燦、王堡麗。107年10月12日劉弘忠同學母親公祭，會長洪陸訓與江潤滋、馬子堅等人代表同學會前往公祭。近兩年往生同學11位，均由會長或幹部帶隊代表同學會前往公祭，已示追思。
　　2. 贊助同學班、系及分區活動。107年10月贊助復興崗校友會高雄分會活動 (1萬元)；贊助中部同學聯誼活動 (2千元)；贊助藝術系同學聯誼活動 (2千元)；贊助空軍聯誼同學活動 (2千元)；中旬贊助藝術系、音樂系遊花蓮 (2千元)。
　　108年2月贊助春節團拜摸彩金 (1萬元)；3月賀贈邢

萬齡同學個展盆花；4 月贊助新聞系同學聯誼活動（2 千元）；
5 月致贈黃錦璋同學榮任宜蘭縣榮光協會理事長盆花；贊助
體育系同學聯誼活動（2 千元）；7 月贊助中部地區同學聯誼
活動（2 千元）；贊助本期 21 位女同學聯誼活動（主辦劉建
鷗同學將贊助金 2 千捐出作為同學會捐助金）；8 月贊助政二
教授班同學聯誼活動（2 千元）；9 月贊助政三班教授班同學
聯誼活動（2 千元）；10 月贊助楊燕同學募款餐費（3 千元）；
贊助影劇系同學聯誼活動（2 千元）；11 月贊助復興崗校友高
雄分會年度餐費（2 桌 1 萬元）；贊助復興崗校友高雄分會活
動費用（1 萬元）；12 月贊助中華民國中央軍校校友總會活動
費用（1 萬元）。

　　109 年 2 月贊助體育系同學聯誼活動（2 千元）；贊助中
華民國中央軍校校友總會活動費用（2 千 5 百元）；6 月贊助
影劇系同學聯誼活動（2 千元）。

　　另外，復興崗校友會急難救助申請，在本屆校友會代表
劉建鷗與張代春協助下，先後有 6 人獲得慰助（各 5,000 元）：
徐萬賓，羅勇雄，許德富，王瑞甡，安哲賢，王公軫。

（三）其它事項

　　1.推薦同學獲選傑出校友。本屆同學會在校友會代表劉
建鷗與張代春協助下，先後推薦名畫家邢萬齡同學當選政戰
學院今(109)年傑出校友，蔡勝隆同學當選今年中央軍校校友
會傑出校友。

　　2.贊助復興崗校友總會籌辦「復興崗紀念館」募款。

本期同學本著飲水思源胸懷，慷慨解囊，熱心捐款。至 8 月
15 日止，共計捐款 111,000 元整。認捐同學名單如下：

　　(1)捐助 20,000 元：黃光勳

　　(2)捐助 3,000 元：洪陸訓、江鴻洲、楊欣燕。

　　(3)捐助 2,000 元：郭年昆、劉建鷗、游昭仁、邱麗霞、
劉小卿、洪文學、劉重信、王夢龍、黎　興、魏徽琴、王榮
川、佟　光、王保民、葉均菁。

　　(4)捐助 1,000 元：張海光、伊玉珍、張宗鑑、區偉國、
萬榕榕、邢萬齡、李明祥、吳信義、翁逸華、潘慶權、董樹
雲、胡崇光、江潤滋、趙華淼、吳哲嘉、何德大、陳嘉峻、
王蜀禧、馬子堅、謝世經、李山栗、韋啟聰、趙中生、張代
春、樊長松、陳文燦、李德嫻、龔巧蘭、賴宏偉、傅一秀、
丘湘昌、王堡麗、左其正、曾玉麟、周貴森、劉弘忠、吳瓊
南、王禾平、張瑞華、談鴻保、林毓德、申朋生、蔡享民、
陸安民、黃敬獻、葉育南、譚遠雄、劉尊仙、黃福臻、張梅
萍、夏繼曾、黃建峰。

　　3. 編印《走過塵土與雲月》第三集。本屆為了同學會薪
火相傳，並且持續提供平台，替同學會團體活動和同學們個
人生活體驗保留記錄與回憶，特編印專集，今年 8 月底付梓，
印製 300 本，供同學們參閱，並作紀念。為編印此書，洪會
長特贊助印製費 20,000 元。

# 三、第9屆同學會財務工作報告

財務長　馬子堅

## （一）第9屆同學會會費暨捐助金繳捐概況明細表

按：1.每位同學兩年會費為 1,000 元，超過部分為捐助金
　　2.製表日期：截至 109 年 8 月 20 日止

| 班別 | 同　學　芳　名 | 人數 |
|---|---|---|
| 政一教授班 | 28,000：洪陸訓<br>3,500：潘慶權<br>3,000：費鴻福、張代春、李大同<br>2,000：張詩貴、林博、林毓德<br>1,000：伊玉珍、葉均菁、傅桃華、萬榕榕、馬子堅、李大同、傅一秀、李明祥、賴宏偉、江奎章、陳南星、金世偉、左泰生、楊卓耕、馮治興、桑貴陽 | 23 |
| 政二教授班 | 11,000：蔡勝隆<br>3,000：高祖懷<br>2,000：王漢國、談鴻保、王保民<br>1,000：江潤滋、張瑞華、吳哲嘉、王致力、葉育南、區偉國、吳信義、王彥慧、黃建峰、沈遠蓬、樊長松、黃錦璋、吳萬程、梁忠民、張芷丁、劉金山 | 21 |
| 政三教授班 | 3,000：劉紹安<br>2,000：金夢石、黃南東、金國樑、<br>1,000：王榮川、蔡英雄、江鴻洲、曹允斌、黃敬獻、郭年昆、吳恆宇、楊浩、林熙獻、萬道德、劉重信、游昭仁、李水生 | 17 |

| 政四教授班 | 2,000：馮又新、洪文學、劉弘忠<br>1,000：吉淵、陳嘉增、厲光華、左其正、王禾平、趙華淼、劉尊仙、談遠雄、周京生、李義耕、朱文森、劉剛、鄭萬昌、陳正雄、黃福臻、申朋生 | 19 |
|---|---|---|
| 新聞系 | 6,000：王堡麗<br>3,000：劉建鷗<br>1,000：李山栗、董樹雲、王瑞珏、黃光勳、梁立凱、張海光、應仕冠、劉應章、蔡享民、魏徽琴、李德嫻、張家寶、史雲生、周貴森 | 16 |
| 音樂系 | 4,000：王夢龍<br>3,000：張嵩懿<br>2,000：邱麗霞、韋啟聰、郭長順<br>1,000：楊興棟、翁逸華、夏繼曾、張永明、巫榮光、黎俊雄 | 11 |
| 藝術系 | 3,000：陳嘉峻、邢萬齡<br>2,000：何嘉雄<br>1,000：王蜀禧、葛勝利、張清民、謝世經、趙平容、苗延芳、張榮芳、王景浩、王藝 | 12 |
| 影劇系 | 2,000：馬中行、王映崑<br>1,000：張宗鑑、劉小卿、賈洪範、田常生、周康生、黎興 | 8 |
| 體育系 | 1,000：陳文燦、張梅萍、王勇敏、羅勇雄、何德大、吳瓊南、龔明惠、曾玉麟 | 8 |
| 法律系 | 2,000：陳敏男<br>1,000：張復興、蘇漢祥、汪立峽、賈育民、羅國寧 | 6 |

# （二）第 9 屆同學會經費收支表

107 年 9 月 21 日至 109 年 8 月 20 日止

## 1. 經費收入部分

| 項次 | 項　　目 | 金額(新台幣) | 備　　註 |
|---|---|---|---|
| 一 | 上屆同學會移交金額 | 173,990 元 | |
| 二 | 本屆同學會收到同學繳交會費及捐助金 | 223,500 元 | 詳如明細表（內含 109.07.29 王堡麗同學捐助金 3,000 元；109.08.05 洪陸訓同學贊助印製會訊捐助金 20,000 元） |
| 三 | 同學認購「同舟共濟半世紀」專輯 3 冊 | 3,000 元(每本 1,000 元) | 張代春*1、吳信義*1、吳哲嘉*1 |
| 四 | 同學認購復興崗紀念帽 24 頂 | 4,800 元(每頂 200 元) | 蔡勝隆*17、吉淵*2、吳信義*2、張代春*1、王蜀禧*1、其他*1 |
| 五 | 合庫銀行支付利息三次 | 890 元 | 107 年 12 月 21 日利息 129 元；108 年 6 月 21 日利息 291 元；109 年 6 月 21 日利息 179 元 |
| 合計 | | 406,180 | |

備註：
1. 108 年 2 月 12 日春節團拜摸彩活動當日提供摸彩金者計:李天鐸（總會長）3,000 元，高祖懷 3,000 元，江潤滋 2,000 元，吳哲嘉 2,000 元，張宗鑑 2,000 元，王漢國 1,000 元；上列摸彩金悉數於摸彩活動中支出，未列入同學會公款收支。
2. 109 年 2 月 4 日春節團拜活動當日提供摸彩金者計：洪陸訓 5,000 元，王夢龍 3,000 元，馬子堅 3,000 元，劉重信 2,000 元；上列摸彩金悉數於摸彩活動中支出，未列入同學會公款收入。

## 2. 經費支出部分

### （1）慰問補助（截至 109 年 8 月 20 日止）

| 項次 | 日　期 | 項　目 | 金額(新台幣) | 備　註 |
|---|---|---|---|---|
| 1 | 107.10.01. | 慰問王公軫 | 2,000 元 | |
| 2 | 107.10.02. | 慰問張嵩懿 | 2,000 元 | |
| 3 | 107.10.21. | 慰問費鴻福 | 2,000 元 | 費同學捐出作為同學會捐助金 |
| 4 | 107.12.07. | 慰問王夢龍 | 2,000 元 | |
| 5 | 107.12.24. | 慰問晏自強 | 2,000 元 | |
| 6 | 108.02.28. | 慰問王景浩 | 2,000 元 | |
| 7 | 108.08.22. | 慰問楊志昆 | 2,000 元 | |
| 8 | 108.12.26. | 慰問王瑞珪 | 2,000 元 | |
| 9 | 108.12.26. | 慰問安哲賢 | 2,000 元 | |
| 10 | 108.12.26. | 慰問陳文燦 | 2,000 元 | |
| 11 | 109.04.27 | 慰問安哲賢 | 2,000 元 | |
| 12 | 109.05.24. | 慰問王堡麗 | 2,000 元 | |
| 13 | 109.07.26 | 慰問李大同 | 2,000 元 | 李同學捐出作為同學會捐助金 |
| | 合　計 | | 24,000 元 | |

（2）舉辦各項活動經費支出（截至 109 年 8 月 20 日止）

| 項次 | 日　期 | 項　目 | 金額(新台幣) | 備　註 |
|---|---|---|---|---|
| 1 | 107.10.01 | 贊助復興崗校友高雄分會活動費用 | 10,000 元 | |
| 2 | 107.10.06 | 贊助中部同學聯誼活動 | 2,000 元 | |
| 3 | 107.10.22 | 贊助藝術系同學聯誼活動 | 2,000 元 | |
| 4 | 107.11.20 | 贊助空軍同學聯誼活動 | 2,000 元 | |
| 5 | 107.12.11 | 贊助 108 年春節團拜摸彩金 | 10,000 元 | |
| 6 | 108.02.12 | 補助 108 年春節團拜餐費及雜支透支部分 | 11,680 元 | |
| 7 | 108.02.26 | 致贈王公軫同學往生花籃 | 2,000 元 | |
| 8 | 108.03.14 | 致贈邢萬齡同學畫展盆花 | 2,000 元 | |
| 9 | 108.04.29 | 贊助新聞系同學聯誼活動 | 2,000 元 | |
| 10 | 108.05.07 | 致贈黃錦璋同學榮任宜蘭榮光協會理事長盆花 | 1,700 元 | |
| 11 | 108.05.31 | 贊助體育系同學聯誼活動 | 2,000 元 | |
| 12 | 108.06.20 | 本會認購「八百壯士紀實」2 冊 | 800 元 | |

| 13 | 108.07.21 | 贊助中部地區同學聯誼活動 | 2,000 元 | |
| 14 | 108.07.24 | 贊助本期 21 位女同學聯誼活動(主辦劉建鷗同學捐出作為同學會捐助金) | 2,000 元 | |
| 15 | 108.08.14 | 贊助政二教授班同學聯誼活動 | 2,000 元 | |
| 16 | 108.09.05 | 贊助政三班教授班同學聯誼活動 | 2,000 元 | |
| 17 | 108.10.08 | 贊助楊燕同學募款餐費 | 3,000 元 | |
| 18 | 108.10.09 | 贊助影劇系同學聯誼活動 | 2,000 元 | |
| 19 | 108.11.06 | 贊助復興崗校友高雄分會年度餐費(2 桌) | 10,000 元 | |
| 20 | 108.11.18 | 贊助復興崗校友高雄分會活動費用 | 10,000 元 | |
| 21 | 108.12.14 | 支付第九屆服務團隊第三次工作會茶水費 | 1,615 元 | |
| 22 | 108.12.17 | 贊助中華民國中央軍校校友總會活動費用 | 10,000 元 | |
| 23 | 109.02.04 | 補助 109 年春節團拜餐費及雜支透支部分 | 38,400 元 | |
| 24 | 109.02.05 | 贊助體育系同學聯誼活動 | 2,000 元 | |

| 25 | 109.02.05 | 致贈張鍾懋同學往生花籃 | 2,500 元 | |
| 26 | 109.06.01 | 致贈王瑞甡同學往生花籃 | 2,500 元 | |
| 27 | 109.06.17 | 贊助影劇系同學聯誼活動 | 2,000 元 | |
| 28 | 109.06.19 | 支付第九屆服務幹部第四次工作會議餐費 | 7,900 元 | |
| 29 | 109.07.03 | 預支 109 年 9 月 8 日同學會年度大會餐宴訂金 | 10,000 元 | |
| 30 | 109.07.26 | 致贈蔡前會長勝隆同學往生花籃 | 2,000 元 | |
| 31 | 109.08.11 | 支付寄送邀請函所需印製、郵寄費邀請同學參加年度大會及餐宴 | 2,379 元 | |
| 32 | | 支付「走過塵土與雲月」第三集印製費 | 61,910 元 | |
| 合計 | | | 160,095 元 | |

經費支出部分：（一）各項活動支出 224,384 元
　　　　　　　（二）慰問補助支出　24,000 元
　　　　　　　　　　　合計 248,384 元
***同學會公款截至 109 年 8 月 20 日止
　現有公款結餘 15 萬 3,296 元

## 四、復興崗 14 期同學畢業 52 週年
## 聯誼會籌備組編組表

江潤滋

| 組別 | 分工事項 | 負責人 |
|---|---|---|
| 總召集人 | | 洪陸訓 |
| 總協調人 | | 黃錦璋、劉建鷗、江潤滋 |
| 聯絡組 | 協調、聯絡、召集 | 張代春、李明祥、王夢龍、劉重信、江潤滋、各班系聯絡人 |
| 議事組 | 邀請函寄發、會議資料整理、記錄、計時、記票 | 王榮川、張宗鑑、伊玉珍、王蜀禧、龔明惠、萬榕榕 |
| 財務組 | 大會各項經費編列支用 | 馬子堅 |
| 總務組 | 同學會訊編印及分發、同學錄更正表、出席人員名牌及桌次編排、餐會總協調安排、大會場地佈置、餘興節目主持安排、住宿人員調查及安排 | 劉建鷗、張代春、王榮川、吳信義、江潤滋、張宗鑑、龔明惠、伊玉珍、董樹雲、王蜀禧、陳嘉峻、吳哲嘉 |
| 接待組 | 貴賓邀請接待及同學報到接待 | 劉建鷗、伊玉珍、萬榕榕、吳哲嘉、吳恆宇、左其正、董樹雲、王夢龍、陳嘉峻、張宗鑑、陳文燦、賈育民 |
| 公關組 | 大會照相 | 王蜀禧 |

## 五、復興崗14期同學會第9屆服務團隊名錄

| 職　稱 | 姓　名 | 職　掌 |
|---|---|---|
| 會　長 | 洪陸訓 | 受同學會付託,負責綜理全會事宜 |
| 副會長 | 黃錦璋 | 首席代理會長；協助會長處理會務；北部同學服務、慰問 |
| 副會長 | 張代春 | 協助會長處理會務；北部同學服務、慰問 |
| 副會長（兼中部聯絡） | 王夢龍 | 中部地區同學連絡、服務、慰問及活動等事宜 |
| 副會長（兼南部聯絡） | 李明祥 | 南部地區同學連絡、服務、慰問及活動等事宜 |
| 秘書長 | 王榮川 | 同學會事務總策劃、執行、協調等事宜 |
| 副秘書長（兼資訊長） | 張宗鑑 | 網路部落格與Line群組等事宜 |
| 副秘書長（兼攝影長） | 王蜀禧 | 各項活動攝影、拍照等事宜 |
| 副秘書長（兼花東聯絡） | 劉重信 | 花東地區同學連絡、服務等事宜 |
| 副秘書長（兼總務長） | 伊玉珍 | 協助秘書長行政、會議等事宜 |
| 總連絡長（兼北部聯絡） | 江潤滋 | 協助辦理聯誼會活動等事宜；北部地區連絡 |
| 財務長 | 馬子堅 | 同學會帳務管理等事宜 |
| 活動長 | 龔明惠 | 校內外活動與支援等事宜 |
| 資訊顧問 | 吳信義 | 資訊管理諮詢 |
| 校友會代表 | 劉建鷗 | 復興崗校友會代表；同學會公關顧問 |
| 校友會代表 | 張代春 | 復興崗校友會代表 |

| 政一連絡人 | 萬榕榕 | 轉達同學會訊息；提供所屬班、系同學聯繫與互動訊息等事宜 |
|---|---|---|
| 政二連絡人 | 吳哲嘉 | 同上 |
| 政三連絡人 | 吳恆宇 | 同上 |
| 政四連絡人 | 左其正 | 同上 |
| 法律系連絡人 | 賈育民 | 同上 |
| 新聞系連絡人 | 董樹雲 | 同上 |
| 藝術系連絡人 | 陳嘉峻 | 同上 |
| 音樂系連絡人 | 王夢龍 | 同上 |
| 影劇系連絡人 | 張宗鑑 | 同上 |
| 體育系連絡人 | 陳文燦 | 同上 |

## 六、復興崗 14 期同學會歷屆會長名錄

| 屆　別 | 姓　名 | 任　期 |
|---|---|---|
| 第 一 屆 | 王漢國 | 87(畢業 30 週年)～93 |
| 第 二 屆 | 黃錦璋 | 93～95 |
| 第 三 屆 | 傅桃華 | 95～97 |
| 第 四 屆 | 黃光勳 | 97～99 |
| 第 五 屆 | 黃南東 | 99 ～101 |
| 第 六 屆 | 趙華淼 | 101～103 |
| 第 七 屆 | 蔡勝隆 | 103～105 |
| 第 八 屆 | 高祖懷 | 105～107 |
| 第 九 屆 | 洪陸訓 | 107～109 |

# 七、同學錄更新表

## （含近兩年往生同學名單）

### （一）同學錄更新表

| | |
|---|---|
| 政一 | 陳清茂　電　話：06-2635492<br>地　　址：台南市南區健康 2 路 56 號 2 樓<br>洪陸訓　手　機：0921-942073<br>email：hunglucian33@gmail.com<br>萬榕榕 email：jung.wan1O3@gmail.com<br>胡鎮平　手　機：0909-786582<br>地　　址：桃園市八德區豐德街 20 巷 20 弄 14 號<br>白忠政　手　機：0921795577 |
| 政二 | 梁玉葩（蔡勝隆遺眷）<br>電　話：07-6177529<br>王寶蓮（楊志昆遺眷）<br>電　話：02-29119958 |
| 政三 | 吳恆宇：宜蘭縣宜蘭市凱旋路 500 號（力信擎天）<br>5 樓之 6<br>郭年昆　電　話：02-2628-3586<br>地　　址：新北市淡水區中正東路 1 段 3 巷 14 弄 7 號 10 樓<br>鄭少心（王公軫遺眷）手　機：0939-934594 |
| 政四 | 林漢輝（黃志長遺眷）手　機：0918-318799 |
| 新聞系 | 李德嫻　電　話：02-2212-1963<br>地　　址：23154 新北市新店區安忠路 56 巷 18 號 8 樓<br>應仕冠　手　機：0975-235-433<br>魏徽琴　地　　址：62 Banstock Dr Toronto ON CA M2K2H6　　CANDA |

| | |
|---|---|
| | 趙小鸞（張鍾懋遺眷）<br>電　話：02-28361505　手　機：0937-549201<br>住　址：11147 台北市士林區忠誠路 2 段 18 號 9 樓 |
| | 胡春慧（王瑞甡遺眷）<br>電　話：02-28977670　手　機 0935-640021<br>住　址 11529 台北市北投區大度路怡和巷 4 弄 10 號 |
| 音樂系 | 邱麗霞　電　話：02-2232-7997<br>張永明　電　話：02-2938-2550<br>翁逸華　手　機：0955-023169<br>張嵩懿　手　機：0916-979143<br>楊興棟　手　機：0919-373990<br>郭長順　電　話：04-22919657<br>地　址：台中市北屯區雷中街 19 巷 63-1 號。 |
| 藝術系 | 王　藝　電話：04-2247-2597<br>顏月玲（王景浩遺眷）<br>電　話:0919-740530（女兒王孝慈） |
| 影劇系 | 張宗鑑　email：jtc.chang@msa.hinet.net |
| 體育系 | 萬嘉玲（徐萬賓遺眷）　電　話：06-290-5953 |
| | 王鐘琮（王耀堂遺眷）　手　機：0988-973-676 |
| | 王傳真（晏自強遺眷）　手　機：0939-376331 |

（二）近兩年往生同學名單

14 期同學畢業 338 人（見《政治作戰學校校史》第二冊，頁 397），迄今往生 71 人，現有 267 人。

近兩年往生同學（11 位）：

政　一：刁德昌
政　二：楊志昆、蔡勝隆

政　三：王公軫、
政　四：黃長志（志民）
新聞系：鄭昌男、張宗懋、王瑞牲
藝術系：王景浩
體育系：晏自強、徐萬賓。